陕西出版资金资助项目

诗说终南

◎主编 常新

我们的祖先生活在终南山这片热土上，创造了璀璨的文化与文明，绵绵瓜瓞5000年，这种文明足以让我们引以为傲。对终南山文化进行诗性的阐释，发掘其丰厚的文化资源，对于继承优秀文化传统，树立文化自信，振奋民族精神，实现中华民族伟大复兴具有重大的现实意义。

西安电子科技大学出版社

内容简介

终南山在中国历史上具有独特的地位，它是中国自然地理中水文、气候的分界线，是中国文化南北的分界线，终南山及其北麓的渭水流域更是造就中华民族与塑造民族精神的核心区。我们的祖先生活在这片热土上，创造了璀璨的文化与文明，绵绵瓜瓞5000年，这种文明足以让我们引以为傲。对终南山文化进行诗性的阐释，发掘其丰厚的文化资源，对于继承优秀文化传统，树立文化自信，振奋民族精神，实现中华民族伟大复兴具有重大的现实意义。

图书在版编目(CIP)数据

诗说终南 / 常新主编. —西安：西安电子科技大学出版社, 2019.2

ISBN 978-7-5606-4977-1

Ⅰ. ① 诗… Ⅱ. ① 常… Ⅲ. ① 终南山－地方文化 Ⅳ. ①G127.41

中国版本图书馆 CIP 数据核字(2019)第 029980 号

策划编辑 高 樱

责任编辑 雷鸿俊 高樱

出版发行 西安电子科技大学出版社（西安市太白南路2号）

电　　话 (029) 88242885 88201467　　邮　　编 710071

网　　址 www.xduph.com　　电子邮箱 xdupfxb001@163.com

经　　销 新华书店

印刷单位 陕西精工印务有限公司

版　　次 2019 年 2 月第 1 版　　2019 年 2 月第 1 次印刷

开　　本 787 毫米×960 毫米 1/16　印张 9.5

字　　数 167千字

印　　数 1 ~ 1000 册

定　　价 39.00 元

ISBN 978-7-5606-4977-1 / G

XDUP 5279001-1

******* 如有印装问题可调换 *******

自序

在中国人的精神世界里，“天人合一”的意识贯穿始终，中国人总是以拟人化或情感化的态度对待他们所生存的自然环境，因此形成了迥异于西方的山水文化。“山水之美，古来共谈”，在中国人的意识中，名山大川往往与人的精神信仰、文化延续、审美意象相联系，他们赋予了这些山川神性与灵性，体现着他们对大化自然的理解，寄托着他们对理想生活的追求，从《易传》中“天行健，君子以自强不息”，到孔子的“仁者乐山，智者乐水”，山水所具有的文化意象深深地融入到中国人的血液中。

终南山在中国历史上具有独特的地位，它是中国自然地理中水文、气候的分界线，是中国文化南北的分界线，终南山及其北麓的渭水流域更是造就中华民族与塑造民族精神的核心区。从人类进入文明社会的半坡人到传说中的人文始祖炎黄二帝；从文王拘而演《周易》，到张横渠悯而作“民胞物与”；从《诗经》中“节彼南山，维石巖巖”的吟唱，到渭水河畔“蒹葭苍苍，白露为霜，所谓伊人，在水一方”的相思；从囊括四海、并吞八荒的大秦帝国，到北却匈奴，海纳百川的汉唐气象，我们仿佛看到我们的先民在秦山渭水中勤劳的身影。秦山巍巍，渭水洋洋，天佑我祖，四海永昌！

当前的中国正处于民族复兴的伟大征程中，文化自信使我们有必要重新审视中国传统文化。近代的中国积贫积弱，受到了西方列强的欺凌与掠夺，许多仁人志士为挽救民族危亡进行了各种探索，对传统文化的反思是其内容之一。从洋务运动提出的“中体西用”到戊戌变法宪政改革，从五四运动“打倒孔家店”到马克思主义在中国的传播，以儒家文化为代表的传统文化逐渐式微。到现代，中国在现代化的过程中参与了经济全球化，进而引起东方文化与西方文化之间的碰撞与交流。由于经济处于劣势与西方文化的侵入，传统文化更加被边缘化，激进的西方文化鼓吹者试图用“蓝色文明”代替“黄色文明”的主张甚嚣尘上，一度应者云集。20 世纪 90 年代后，尤其是 21 世纪，通过经济的发展，文化领域的理性反思的需要也更为迫切，中国文化的重构与中国人精神的回归成为民族伟大复兴的精神源泉，中国优秀传统文化被视为涵养社会主义核心价值观的重要源泉。在这一背景下，自近代中国以来，全民族对优秀传统文化的肯定、继承与发展在认识方面达到了高度一致，在行动上也展开了对传统文化的整理与发掘，终南山及其文明受到高度关注，出品了《大秦岭》《大秦帝国》等以终南山和渭水流域为主要背景的影视作品，同时也出版了《走进大秦岭》“秦岭文化地理丛书”等优秀出版物，在推介终南文化方面发挥了非常重要的作用，成为传播优秀传统文化，确立文化自信的有效手段。本书作为传播与弘扬终南文化的一种尝试，也正是基于以上背景，是站在“巨人”的肩膀上对终南文化进行“诗情画意”的描述，以期丰富与完善终南文化。

我们的祖先生活在这片热土上，创造了璀璨的文化与文明，绵绵瓜瓞5000年，这种文明足以让我们引以为傲。当我们凝视着金字塔，当我们徜徉在恒河边，当我们驻足于卢浮宫汉谟拉比法典前，我们是否想过，那些建造金字塔的古埃及人在哪里？那些创立佛教的古印度人在哪里？那些制定汉谟拉比法典的古巴比伦人在哪里？这些人都已化为尘埃，他们的子孙也在民族的征服与融合之中丧失了民族性。时至今日，没有哪些现代人认为金字塔、印度佛教与汉谟拉比法典是他们的祖先建造和创立的。例外的是，自传说中的三皇五帝，我们先民所创造的文化虽屡遭厄运，但还是比较完整地保存和传承下来，这些文化继续滋养着中华民族的精神和体魄，并将为我们伟大民族的复兴提供不竭的精神源泉，我们必须自信自己的文化。民族复兴是一场新的长征，但我们坚信“人民有信仰，民族有希望，国家有力量”。

是为序。

常　新

2018年孟春于终南草堂

Contents 目录

龙脉语长

横亘在关中平原南沿的秦岭山脉，是大自然雄奇险峻、气势磅礴的杰作，处于秦岭中段的终南山就是这一杰作的精华。它东起盛产美玉的蓝田山，西至终年积雪的太白山，横跨蓝田、长安、鄠邑、眉县、周至等区县，绵延二百余里，天造地设，雄峙在古城长安之南。秦岭还被尊为华夏文明的龙脉，其北麓的古长安被视为龙首，罗贯中《残唐五代史演义》曾言："自古兴隆地，周秦汉代修。三川花似锦，八水永长流。起盖咸阳殿，凤阙对龙楼。华夷图上看，天下最为头。"时至今日，西安的未央区还有龙首原的地理标识。

（一）地理位置

终南山有许多别名，据《括地志辑校》记载："终南山，一名中南山，一名太一山，一名南山，一名橘山，一名楚山，一名泰山，一名周南山，一名地脯山，在雍州万年县南五十里。"终南山的范围有多种说法：第一种说法是称整个秦岭山脉为终南山。《汉书·东方朔传》"夫南山，天下之阻也，南有江、淮，北有河、渭，其地从汧、陇以东，商、雒以西，厥壤肥饶。"这里说的终南山是指从黄河三门峡的南岸，向西沿着渭河，直到这条河的源头——位于甘肃鸟鼠山为止的横跨河南、陕西、甘肃三省的秦岭山脉。《文选》中对班固《西都赋》的注解中有云："秦岭，南山也。"唐柳宗元在《终南山祠堂碑》中说："惟终南据天之中，在都之南，西至于褒、斜，又西至于陇首，以临于戎；东至于商颜，又东至于太华，以距于关。"以上所指无疑是秦岭。如果综合理解古人所说的终南山的位置，可以看出，古人所说的广义终南山实际上就是泛指整个秦岭。第二种说法是指秦岭山脉在陕西境内的一部分。程大昌在其著作《雍录》中记载道："终南山横亘关中南面，西起秦、陇，东彻蓝田，凡雍、岐、郿、鄠、长安、万年，相去且八百里，而连绵峙据其南者，皆此之一山也。既高且广，多出物产，故禹贡曰'终南厚物'也。"现代学者刘庆柱辑注的《关中记辑注》认为广义的终南山就是指狭义的秦岭，东由今潼关，西至宝鸡的八百里秦川，即秦岭在陕西境内的一段。第三种说法认为终南山主要指的是秦岭中段，西起武功，东至蓝田。狭义的终南山是第四种说法，指终南山的中段，即西安市南的长安、鄠邑境内这一段，包括太兴山、嘉午台、翠华山、南五台、小五台、青华山、圭峰山、紫阁山、万花山等数十座名山秀峰。以上说法都各有依据，但是依据《雍录》《三秦记》等较多历史文献和现代《辞源》的解释，以及考虑到这一地区共同的自然地理特点和人文活动传承，广义的终南山以第二种说法即"终南山指秦岭山脉在陕西省境内的这一部分"较为合理，本书所涉终南山，主要以此为据，在一些固定的成文中用"秦岭"来指代，如南北气温与水系分界线。

古称太乙山的南五台

终南山东西两端，皆闭合性北折以形成"关塞"，即闻名天下的华山、潼关与关山、陇关。关中的北部，有黄土高原、黄河天险与万里长城。关中的南部，便是巍峨峻峭的秦岭，便是"难于上青天"的南山。北阜南山、四面关塞的地理形势，使关中以自然的天堑之塞而成为人文的政治中心。周秦开辟，汉唐稳固，长安京畿的华夏国家，一度为世界最繁荣的东方文明中心；秦岭之功大矣，南山之恩深矣！殆华夏国家的文化心理、政治制度及疆域轮廓业已稳固与清晰，秦岭之恩与功大且深矣。

关于终南山的地理学记载最早的当为《山海经》，这是一部先秦古籍，富于神话传说，主要记述古代地理、物产、神话、巫术、宗教等内容。对于终南山文化地理而言，《山海经·西山经》最为重要。其中的“经华山之首，曰钱来之山，其上多松，其下多洗石”“又西六十里，曰太华之山，削成而四方，其高五千仞，其广十里，鸟兽莫居”“又西百七十里，曰南山，上多丹粟。丹水出焉，北流注于渭。兽多猛豹，鸟多尸鸠”，这是研究华山的经典名篇。《山海经》最重要的是 10 多处对于昆仑之丘的论述。“西南四百里，曰昆仑之丘，是实惟帝之下都，神陆吾司之。其神状虎身而九尾，人面而虎爪；是神也，司天之九部及帝之囿时。有兽焉，其状如羊而四角。”自从汉武帝将《山海经》中的“昆仑之丘”钦定为西域新疆的昆仑山之后，古昆仑成为聚讼焦点，全国有接近20个地方都被认做是古昆仑。但我们认为，古昆仑即西秦岭的宝鸡天台山。《尚书·禹贡》是古代的地理经典和权威，其中终南山占据主要篇幅。

（二）历史沿革

终南山众多的名称与命名蕴涵着诸多思想文化。从政治地理角度，五千年的华夏文明被概括为长安时代和北平时代。终南山，本来是中南山，意味“天之中，都之南，因而中南山”，中（终）南山是华夏文明长安时代的地理象征。

对于终南山文化地理，《诗经》有三个根本性的突出意义：其一，最早的吟诵描述，使终南山在 3000 年前开始进入人类的文本世界。其二，《周颂》中的周文王、周公、召公诸多诗篇具备国家品质和权威形象。其三，终南山，位于周朝首都京畿的南方，由于《诗经》的深情歌唱，使得“南山”作为终南山的文化地理命名，具有超越中国其他山脉的权威正当性与优先身份。在很高程度上，“南山”乃是终南山的文化专有名词。

终南山秦楚古道秋景

终南山在周朝《诗经》中，被称之为“南山”和“终南山”。《诗经》多篇唱云：“信彼南山，维禹甸之”（《小雅·信南山》），“终南何有？有条有梅”（《秦风·终南》）。《小雅·南山有台》曰：“南山有台，北山有莱。”《小雅·节南山》曰：“节彼南山，维石岩岩。”在汉唐时期，自班固《西都赋》“南山”“终南山”共同使用，仍以后者为多。宋元各代，与唐朝基本相同。宋代的苏轼任职凤翔府时，在一首《壬寅二月，有诏令郡吏分往属县减决囚禁。十三日受命出府，至宝鸡、虢、郿、周至四县。既毕事，因朝谒太平宫，而宿于南溪溪堂，遂并南山而西至楼观、大秦寺、延生观、仙游潭。十九日乃归，作诗五百言，以记凡所经历者寄子由》诗中写道：“鸡岭云霞古，龙宫殿宇幽。南山连大散，归路走吾州。”明朝“前七子”的何景明写道：“名邑今重过，终南第一游。山中白云唱，天上彩云流。”到了清代，傅龙标的《牛首山怀古》写道：“南山高亘日苍苍，东流渭水时泱泱。”从汉唐到明清，大抵是“南山”“终南山”的名称使用占大多数。

（三）历史地位

终南山具有极为悠久的人文历史。在中国古代，一般人是没有姓氏的，到周朝也只有贵族才有姓氏，平民和奴隶与姓氏无缘。人尚且如此，何况于山？而终南山是中国古代最早有称谓的少数山脉之一。我国最早的历史地理文献《尚书·禹贡》中已提到“终南”之名：“荆、岐既旅，终南、惇物，至于鸟鼠。”《山海经》简称其为“南山”。据笔者统计，终南山的称谓有终南山、南山、中南山、周南山、太一山、太乙山、橘山、楚山、泰山、地脯山、仙都山、地肺山、解斯山等十三种不同的叫法，而以“终南”“南山”最为普遍。其实，也有传说或者考证，认为秦岭就是原始的昆仑，但是随着文化的神性距离感的蔓延，昆仑山终于退至于今天青海的昆仑山。秦岭西望，绵绵相连，成为中国传统文化里的中龙脉，发源于昆仑山，其他还有北支和南支龙脉。中龙脉作为中华版图的主心骨，也作为龙脉的主脉，在

终南山中古栈道

中华民族的精神维度里成为形而上的纲领，成为统御万千山水的统帅，在过往的历史里，一直不曾失落。

终南山在唐代是一座名副其实的文化名山、宗教名山、地理名山。首先，它北临唐代的政治中心长安，风景优美、山势绵延，自先秦之时《诗经》中的吟唱到唐代文人富有时代个性的山水审美体验，使其具有诗性之美，也被赋予了深厚的文化地理意义。终南山的宗教景观、园林别业、终南隐居等都是诗歌创作的主题，诗歌与终南山之间有一种默契。终南山的空间理念凝聚着中国士人对南山的一种特殊的情感，作为自然特征层面和民间约定俗成的南北分界线，加上代表统治者意思表示的行政区域划分层面的南北之界的意蕴，因而被文人视为其邦乡的界限，也是情理之中的事。欧阳詹《题秦岭》写道：

南下斯须隔帝乡，北行一步掩南方。

悠悠烟景两边意，蜀客秦人各断肠。

最后一句无异于直言终南山在唐人心中是分割了其邦乡，而具有家国意义的一条南北分界线。不难想见，这种观点在当时应该是一种普遍的感知，因而终南山在文化层面上的南北分界线的意蕴就很容易得到唐以后士人的认同。

终南山风景优美，道教渊源深厚，佛教众派林立，因而称它为“地理名山”“宗教名山”“文化名山”“政治名山”。“重峦俯渭水，碧嶂插遥天”的终南山不仅是长安的军事要塞，还担当着长安与南方往来的陆路交通的重任，是国家祈雨祷雪等祭祀、仪礼场所之一，是中国道教、佛教发祥地之一，也是中国儒家文化的源头。这一切都决定了终南山在中国文化中的重要地位及其对中国人的精神塑造方面所发挥的作用。

山水相连

终南山在中国乃至世界上都具有很高的知名度，地学和旅游的重要性可以和欧洲的阿尔卑斯山脉相比。秦岭的主体部位在陕西，而终南山段又是秦岭地质最为复杂和地质遗迹、地质景观最为优越的地区，2009 年 8 月正式加入世界地质公园网络，2015 年 11 月，世界地质公园网络加入联合国教科文组织国际地球科学与地质公园计划，秦岭终南山正式更名为秦岭终南山教科文组织世界地质公园。在空间布局上，沿着秦岭北坡环山旅游带，分布着翠华山景区、南五台、黑河、太平、朱雀、王顺山、蓝田猿人遗址和骊山八个景区，风光秀丽，具有极高的科研价值和旅游价值。

（一）地质构造

现代地质研究将中国地质划分为华北板块、秦岭板块与扬子板块三大构造带，并在秦岭陕南寻找到“略勉带”与“商丹带”的地质确证。秦岭板块居其间，对华夏大陆的形成，意义深刻而巨大。秦岭造山带是华北板块与扬子板块之间的会聚带，地处中国大陆中部，呈东西向横亘于中国大陆之上。秦岭是经历了不同构造演化阶段，以小同构造体制发展形成的复合型大陆造山带。秦岭造山带东延连接大别造山带，向西则与祁连、昆仑造山带相接。秦岭造山带是分割中国南北地质、地球物理、地球化学与自然环境的分界线，一直受到国内外地学界的极大关注。

终南山世界地质公园地处秦岭中央造山带的主体部位，是中央造山带的经典地段，其地质演化历史长，构造复杂，岩石、地层发育齐全，岩浆活动频繁，变质类型多样，矿产资源丰富，地质遗迹众多。园内保存了丰富、完整、典型的地质遗迹，可分为 5 个主类 22 个亚类，以秦岭造山带地质遗迹、第四纪地质遗迹、地貌遗迹和古人类遗迹为特色。具有代表性的遗迹有：① 造山带地质遗迹，包括商丹俯冲—碰撞板块缝合带、板房子—小王涧向斜等景观；② 第四纪地质遗迹，包括太白山冰川遗迹、骊山断块山等；③ 地貌遗迹，包括翠华山山崩地貌、王顺山花岗岩峰岭地貌等景观；④ 古人类遗迹，包括蓝田猿人、陈家窝人化石等；⑤ 水文地质遗迹，包括瀑布、水体景观；⑥ 工程地质遗迹，包括古栈道景观。

翠华山地质公园

终南山世界地质公园分为翠华山山崩地貌区、骊山裂谷地垒构造区、冰晶顶韧性剪切带与构造混合岩化区、玉山岛弧型花岗岩峰岭地貌区、南太白板块碰撞缝合带与第四纪冰川区等五个各具特色又互相联系的区域。公园地处中国南北大陆板块碰撞拼合的主体部位，是中国南北天然的地质、地理、生态、气候、环境乃至人文的分界线，有“造山带博物馆”之称。

（二）地貌特征

陕西秦岭是由数条平行山岭和界于其间的河谷、山间盆地等组成的，“千重山，峰迭障，万条河溪纵横”，这就是对陕西秦岭的真实写照。据宋人所撰《长安县志》记载“终南横亘关中南面，西起秦陇，东至蓝田，相距八百里，昔人言山之大者，太行而外，莫如终南”。李隆基《春台望》：“暇景属三春，高台聊四望。

目极千里际，山川一何壮。太华见重岩，终南分叠嶂”。秦岭的主峰——太白山，以太白岩基为基础，包括东、西太白峰以及其间的跑马梁，海拔为3736米，雄姿巍峨，云雾缭绕，是我国中部主要的高山之一。“太白积雪六月天”是关中八景之一。太白山南面和西面，有兴隆岭、鳌山、财神梁、父子岭和活人坪梁等，海拔均在3000～3500米，和太白山紧紧相连，构成陕西秦岭的最高部分。以太白山为中心的地区，是黑河、石头河、褒河和湑水河等的发源地。这些河流呈辐射状向四周奔流。山上景色瑰丽，四时变化，春来百花争艳，夏季苍翠葱郁，秋日红叶似染，冬天银装素裹。唐太宗就曾用“碧嶂插遥天”来形容终南山的高峻形象。唐朝诗人孟贯《过秦岭》诗写道：“古今传此岭，高下势峥嵘，安得青山路，化为平地行。苍苔留虎迹，碧树障溪声。欲过一回首，踟蹰无限情。”这真是对终南山山势险峻峥嵘的淋漓写照。王维的《终南山》：

太乙近天都，连山接海隅。
白云回望合，青霭入看无。
分野中峰变，阴晴众壑殊。
欲投人处宿，隔水问樵夫。

此诗堪称吟咏终南山的绝唱。“太乙”，这里指终南山。诗人开门见山就以夸张之笔极显山势之高峻。此诗让我们一观山之巍峨高远。宋代的郭熙在《林泉高致》一书中曾说“山有三远，自山下而仰山巅，谓之高远；自山前而窥山后，谓之深远；自近山而望远山，谓之平远。高远之色清明，深远之色重晦，平远之色有明有晦。高远之势突兀，深远之意重叠，平远之意冲融而缥缥缈缈。”与王维之作有异曲同工之妙的还有孟郊的《游终南山》：

南山塞天地，日月石上生。
高峰夜留景，深谷昼未明。
山中人自正，路险心亦平。
长风驱松柏，声拂万壑清。
即此悔读书，朝朝近浮名。

诗人行走在终南山中，只觉得终南山高大雄伟，把广阔的天地之间都充塞了，日、月在山中冉冉上升，就像是从山石上生出来，山石成了包孕生命的母体，而且说日月共生石上，此想象可谓大胆、惊人。清人潘德舆读这一联后感叹“顿觉心境空阔，万缘退听”。笔者认为这一奇险的诗句，充分表现出诗人对终南山高大深广、神奇瑰丽的真实体验和强烈感受。相比之下，还是王维的《终南山》将终南山之长、之阔表现得更深动形象、更有艺术感。

太白山

（三）水系构成

秦岭山脉，腹地位于陕西省中南部，东连豫鄂，西接甘陇，南望巴蜀，北瞰关中，大致位于东经 105° 30′ ～100° 05′，北纬 32° 40′ ～34° 35′之间。秦岭山地是我国东部地区一条明显的南北地理分界线，也是黄河水系和长江水系的重要分水岭。华夏国家乃以黄河为主的二河（黄河、长江）文明，把秦岭南坡划归长江水系，北麓汇黄河水系。在陕西境内，北部以秦岭铜川为界，南部以汉中为界。

秦岭大致可分为西、中、东三段。西段分为三支，北支为南岐山或木散岭；中支为凤岭；南支为紫柏山，在留坝的西北称紫关岭。这些山岭海拔均在 1500 米以上，而以紫柏山为最高，海拔 2610 米。秦岭西段分别为清姜河与嘉陵江、嘉陵江左岸支流与沮水河干支流、褒河一些支流的分水岭和发源地。

陕西秦岭的中段称为终南山，主要山岭有四方台、首阳山、静峪脑、终南山和东光秃山等，海拔均在 2500 ～ 3000 米，是沣河、涝河、浐河、子午河、旬河和金钱河等的发源地。由秦岭梁向东延伸的平河梁，主峰是广东山，海拔为 2675 米。在旬河和社川河流域，有近东西向延伸的古道岭、海棠山和羊山，地势低缓而破碎，海拔在 1500 米左右，是月河主要支流——恒河、何家河和蜀河、池河等干支流的发源地。

秦岭东段呈手指状，向东展开。从北向南依次是太华山、蟒岭、流岭、鹘岭和新开岭，海拔均在 1500 ～ 2500 米；南洛河、丹江及其支流银华河分布其间，成为山河相间的岭谷地形。秦岭主脊草链岭和太华山，是丹江、南洛河以及秦岭东段北坡山涧溪流的分水岭与发源地。

唐朝诗人欧阳詹《题秦岭》写道：“南下斯须隔帝乡，北行一步掩南方。悠悠烟景两边意，蜀客秦人各断肠。”即从分水岭描写秦岭的“专题诗”。另外，直接以“分水岭”为题，唐诗还有元稹的《分水岭》、温庭筠的《过分水岭》和吴融的《分水岭》。温诗与欧阳詹的一样，是一首四句七绝诗。写道：“溪水无情似有情，入山三日得同行。岭头便是分头处，惜别潺湲一夜声。”

秦岭的分水岭之义，相比而言，欧阳詹的《题秦岭》显得平实无华，而温庭筠的《过分水岭》则智巧得许多。温庭筠以“无情似有情”为纲，写的是两重分别：一重是人与水的关系，先是“三日同行”，接着是“岭头分别”；一重是北流与南下，是不言而喻的地理常识与想象。吴融的《分水岭》，是七言律诗。全诗写道：

两派潺湲不暂停，岭头长泻别离情。
南随去马通巴栈，北逐归人达渭城。
澄处好窥双黛影，咽时堪寄断肠声。
紫溪旧隐还如此，清夜梁山月更明。

渭河是黄河最大的支流。渭河发源于甘肃省渭源县的鸟鼠山，东流经陇西、武山、甘谷、天水，于风阁岭进入陕西省，再经宝鸡、眉县、武功、咸阳、高陵、临潼、渭南、华县、华阴至潼关注入黄河，全长818公里，流域面积13.43万平方公里。渭河属不对称水系，北岸支流源远流长，但洪枯流量相差悬殊，南岸支流较短，然而水资源比较丰富。由北岸汇入渭河的支流主要有秦祁河、咸河、散渡河、葫芦河、牛头河、通关河、千河、漆水河、泾河、石川河、洛河；由南岸汇入渭河的支流主要有榜沙河、大南河、耒昔河、石头河、黑河、涝河、沣河和灞河。渭河多年平均径流量75.7亿立方米，陕西境内为53.8亿立方米。径流地区分布不均，总的趋势是自南而北减小，秦岭、关山区高，原区、谷地区低；西部大于东部，中游比下游径流丰富。

关中渭河形成于早更新世，距今约200万年前，流域内人类活动踪迹达80～100万年以上，有80万年前的蓝田猿人遗址，15万年前的大荔人遗址，6000～7000年前的母系氏族公社群落半坡遗址，以及大量的仰韶文化、龙山文化遗址等。关中又是中华民族实现国家大统一的奠基地，人文初祖炎黄二帝在此统领先民，征战耕织；周秦汉唐等10多个朝代凭借渭、泾、浐、灞、沣、滈、涝、潏八水之利，在此建都达千余年之久，使中国名列世界四大文明古国之一。

纵观古今，吟诵渭河的文人墨客们留下了大量千古流传、脍炙人口的诗词。“泾以渭浊，湜湜其沚。宴尔新昏，不我屑矣。”这是《诗经·邶风·谷风》对泾河与渭河相会后清浊分明奇观的描述。著名的还有文学家司马相如在辞赋《上林赋中》写道“荡荡乎八川分流，相背而异态”；诗仙李白当年曾登上终南紫阁秀峰，北观渭河，感慨道：“渭水银河清，横天流不息”；白居易在《渭上偶钓》中写道“渭水如镜色，中有鲤与鲂”；冷朝阳在《晚次渭上》中写道“晚来清渭上，疑是楚江边，渔网依沙岸，人家傍水田”，还有大量描写渭河的诗句被人们传唱。

汉江哺育了汉朝，养育了汉人；发源于秦岭玉皇，汇归于长江大洋。在汉文化中，斯言河汉，又意味着天道人间。嘉陵江、汉江和渭河支流诸如清姜河等的源头都在天台山群，嘉陵江、汉江源头在南坡，清姜河等几条河流源头在北坡。北坡人迹罕至，山大沟深，森林茂密，遮天蔽日，陡峻的山坡鸟兽可以藏身。平日云雾弥漫，兴云致雨，水澹澹，溪潺潺，甘甜清冽的清姜河就孕育在这里。清姜河作为渭河的一级支流，长 43 公里，流域面积 234.4 平方公里，年平均径流量 1.29 亿立方米，最大时为 2.63 亿立方米，最小时为 0.44 亿立方米，就是这条貌不惊人的宝鸡市境内河流，铭记着中华文明史长河中朵朵美丽的浪花。

雨中汉江

汉江是长江最长的支流，在历史上占居重要地位，常与长江、淮河、黄河并列，合称“江淮河汉”。

通常以丹江口以上江段为汉江上游，全长 956 千米，集水面积 95220 平方千米，干流呈东西走向，穿行于秦岭、大巴山之间，沿途峡谷盆地交替，河床多为卵石、砾石与基岩组成，河道比较大。干流自郧西进入湖北省后，北为秦岭余脉，南为武当山脉，属山地蜿蜒性河道，水流湍急，水力资源丰富，而且建坝条件好，是开发汉江水力资源的重要河段。历史上，汉江流域（特别是汉中）曾是军事重镇，这种重要的军事地理位置促进了汉江流域农业生产和水利事业的发展，其中重要的水利工程有褒河的山河堰，湑水河的高堰、杨镇堰、五门堰等。汉江水系的另一著名工程就是褒斜道。褒斜道是沟通汉江支流褒河和渭河支流斜水（今石头河）的通道，两水均发源于秦岭，源头相距 50 多千米，是巴蜀和汉中通往关中平原的捷径。汉武帝刘彻时，把汉江下游物产溯汉江而上运至南郑（今汉中）褒谷口，再经褒水、褒斜道入斜水下渭河，抵达长安（京城），于西汉元狩二年至六年（前 121—前

117 年）派张汤父子率领数万军民修筑此工程。工程包括褒水、斜水等河流航道的整治和褒斜道陆路车道的开凿。由于航道工程艰巨和当时施工技术的限制，完工后水流湍急且多礁石，不能行船，但陆路终于开通了。这条路线虽未达到预期目标，但古代人民的改河治水精神，值得后人钦佩和效仿。

作为区域文化的汉水文化对中国传统文化做出了可贵的贡献，我们在许多名篇佳作中都可见深情称颂汉水为文化之河的篇章。例如，《诗经·周南·汉广》中有“汉有游女，不可求思。汉之广矣，不可泳思。”《楚辞·九章》中云：“有鸟自南兮，来集汉北。”孟子在《孟子·滕文公下》中明确提出：“水由地中行，江淮河汉是也。”汉中也因汉水而得名，自古就有“天汉”之美称，是汉王朝的重要发祥地，也是两汉三国文化的主要发祥地，素有“汉家发祥地，中华聚宝盆”的美誉，其与汉族这一称谓的形成也有着不可替代的关系。

（四）气温状况（气候特征）

终南山世界地质公园属暖温带半温润季风气候，四季冷暖干湿分明。水资源丰富，公园内有黑河、涝河、沣河等河流 28 条，中型以上水库 30 座。园区内有种子植物 122 科，671 属，1899 种，有世界性单种属 37 个，少种属 60 个，中国特有属 23 个，还有蕨类植物 120 种，藓类植物 253 种。在这片不足全国面积百分之一的土地上栖息生存着数量众多的珍稀动物，公园内野生动物 36 目，100 科，643 种，具有“中国天然动物园”“亚洲天然植物园”的美誉。

终南山东西横亘，隔离南北，成为半干燥气候区和湿润气候区之间的分界线和南北地理的分界线。唐人就认为终南山是一条综合性的地理界线，如欧阳詹《题秦岭》：“南下斯须隔帝乡，北行一步掩南方。悠悠烟景两边意，蜀客秦人各断肠”。一方面，终南山在南北方降水、气候、河流、植被、土壤、农业生产等方面具有分界意义，另一方面，它也是南北方语言、风俗、生活方式等方面的分水岭。

嘉陵江源头黑龙潭

北方的寒流漫延于北坡并被陡壁所阻，很难侵袭南坡，即或到达，在程度上也大大削弱。南方暖流相应地比较容易顺着斜坡和河谷侵入山腹，但到岭北，其作用也大大减小。这就造成秦岭北面关中的气候与北方相似，年平均温度为15℃左右，一月及七月平均温度为0℃至25℃左右，年降雨量约700毫米。陕南的汉中、安康却近似四川湿润多雨，一月及七月平均温度为3.2℃至26.4℃，年降雨量1000毫米左右。由于气候的差异，南北农业景象亦有不同，汉中、安康、商县为稻米区，水田掩映，绿树成荫，为江南风光。栽培植物主要有杨、榆、柳、椿、竹、桃、柑、桔、栗、柿；经济树种有桐、漆、茶、桑、棕榈、五倍子等。秦岭北麓为小麦、棉作区，经济树种以果树为主，果树种类极多，如苹果、石榴、梨、枣、柿、杏、李、桃、葡萄等，现在自眉县、岐山向东，正在形成一个果树林带。

终南山山地对气流运行有明显的阻滞作用。夏季使湿润的海洋气流不易深入西北，使北方气候干燥；冬季阻滞寒潮南侵，使汉中盆地、四川盆地免受冷空气侵袭。因此，终南山成为亚热带与暖温带的分界线。终南山以南河流不冻，植被以常绿阔叶林为主，土壤多酸性。终南山以北为著名黄土高原，1月平均气温在0℃以下，河流冻结，植物以落叶阔叶树为主，土壤富钙质。关中西部属于暖温带半湿润气候，全年气候变化受东亚季风（包括高原季风）控制，秋季降温迅速又多阴雨连绵，成为关中秋季连阴雨最多的地区，年平均降水在590～900毫米，是关中降水量最多的地区，而最大降水量就在天台山、玉皇山一带的中山区。玉皇山西南麓的凤县年平均降水量613.2毫米，玉皇山东南麓的太白县年平均降水量为751.8毫米。玉皇山的南北坡就处于这个秦岭西部的降水丰沛带里，西南的暖湿气流在这里徘徊。太白山对西北气流的阻隔在这里形成壅塞，独特的局地气候因此成为这里湿润形成的基本原因。

太白积雪

张乔的《终南山》“带雪复衔春”，李山甫的《南山》“雾色陡添千尺翠”，祖咏的《终南望余雪》“终南阴岭秀，积雪浮云端。林表明霁色，城中增暮寒”等诗句说明终南山气候变化的多样性。尤其是《终南望余雪》，终南山背阴的一面，即首句所说“阴岭秀”，“阴”字既有地理位置上南北的暗示，同时也给人一种山北树木更加苍翠的感觉；第二句用一“浮”写出了终南山山势之高，山上积雪几乎与云端看齐，云是飘动的，与白云一色的积雪几乎也要随云飘走，蕴含了一种动感。雨后初霁，空气更加清透。日暮时分，本已略感微寒，诗人眺望山上积雪，冰冷的积雪更给人以心理上寒冷的感觉，似乎整个长安城也因此笼罩上一层寒意。此诗既是一篇写终南山的佳作，更是一篇咏雪佳作。杜审言的《蓬莱三殿侍宴奉敕咏终南山应制》：“半岭通佳气，中峰绕瑞烟”之句，也说明了终南山气候的季风性特征。

物华天宝

终南山是我国中部最重要的生态安全屏障，成为我国地质、生物、气候、水系、土壤乃至人文的南北天然分界线，自古以来就备受重视。它处于我国地层、大地构造的南北分界和东西过渡地带，其地质遗迹的重要性在于为解决我国南北方、东西部地壳演化规律的对比起到重要的桥梁作用。终南山山区植物区系成分和动物种属成分具有明显的过渡性、混杂性和复杂多样性。据不完全统计，全国有12%的植物种数、29%的动物种数和34%的鸟类种数都分布在秦岭，秦岭享有“动植物王国”“天然中草药库”的美誉。

（一）植被状况

秦岭林区是陕西最大的林区，面积达2700多万亩，主要分布在秦岭的中段和西段。林区之中，有亭亭直立的松柏，千姿百态的高山栎，还有各种各样的附生植物。由于秦岭兼跨亚热带和暖温带，森林类型繁多，垂直分布明显，南北坡差异也大。秦岭特殊的地理环境和多样性的气候条件使这里成为多种气候带植物的生长地。据不完全统计，秦岭山区仅种子植物就有3400多种，加上蕨类、苔藓等植物，总数达 3800 多种。其中，中华杉、连香树、山白树、金线槭、独叶草等 26 种植物为国家重点保护的珍稀植物。

终南山南坡植被表现为以北亚热带为基带的垂直带谱，北坡表现为以暖温带为基带的垂直带谱，但随着海拔高度的增大，南北两坡垂直带谱由基带的显著差异到上部逐渐趋同。大体在 2200 米以下为松栎林带，主要树种为华山松、栓皮栎、油松、槭树、铁杉、山杨等，混交树种有椴树、化香树、卜氏杨等。其中 1000 ～ 1600 米为锐齿林和松林亚带；1500 ～ 2200 米为辽东栎林、松林亚带；2300 ～ 2700 米为牛皮栎林亚带；2600 ～ 3100 米为冷杉林亚带；2900 ～ 3350 米为高山针叶林带。秦岭独特的地理位置、古老的地质演化历史、复杂的自然环境特点孕育了丰富的天然植物资源，近一百多年来，一直受到中外各界学者的关注。

由于终南山山地坐落在中纬度的地理位置，离太平洋稍远而偏于内陆，受大陆性气候和季风性气候的双重影响，故在垂直景观上，一方面和东亚大陆内部山地的垂直自然带有本质的区别（基带层不具备荒漠带和荒漠草原带，顶部带层有苔原带）；另一方面，又不完全和东亚太平洋沿岸季风区山地垂直结构相同（大部分基带层由于干旱而有侧柏疏林或半干旱森林草原带，偏上部带层缺少山地暗针叶林带），具备着自己特有的垂直带。

朱雀国家森林公园的植被

高耸入云的太白山不但创造了“太白积雪六月天”“高处不胜寒”，也顺手成就了气候的“十里不问天，步步寒凉变”。而与此同步的植被也物竞天择，择地而生，森然有致地建构了一个庞大的生态系统，一个步步景观、层林转换、如带如烟、天衣无缝的生命世界从平地直上太白山巅，在景观科学上制造了一个无与伦比的植被带谱。

在这大野高荒中，一花一草都各安天命，自在逍遥，自然凋落。在这远离人烟的深壑崖畔，溪谷涧潭，兰科植物找到了最为心仪的居所。明代陈汝言的《兰》，似乎就是为这里的兰花写意：

兰生深山中，馥馥吐幽香。
偶为世人赏，移之置高堂。
雨露失天时，根株离本乡。
虽承爱护力，长养非其方。
冬寒霜雪零，绿叶恐雕伤。
何如在林壑，时至还自芳。

唐代张九龄《感遇》：

兰叶春葳蕤，桂华秋皎洁。
欣欣此生意，自尔为佳节。
谁知林栖者，闻风坐相悦。
草木有本心，何求美人折？

把兰花王国的自由意志跃然在我们面前。太白山就是这样一个适合兰草生长、安家、离群索居的幽幽之地。

（二）动物种类

秦岭地区所产的鸟类种类繁多，在全国鸟类种类中占有很大比例，依它们的地理分布范围分析出的区系从属关系，大致可划分为三个类型：① 主要或完全分布于古北界者，简称古北种。② 主要或完全分布于东洋界者，简称东洋种。③ 繁殖范围跨古北与东洋两界，甚至超出两界；或者分布范围极有限，很难从它们现知分布范围分析出区系从属关系者，简称广布种。在233种繁殖鸟中，古北种有110种，占繁殖鸟总数的47.2%；东洋种有92种，占繁殖鸟39.5%；广布种有31种，占繁殖鸟13.3%。从以上百分率可以看到古北种和东洋种在秦岭地区所占的组成成分大致相等，这说明了秦岭在动物分布上的过渡性，不过古北种的组成成分稍高些。

终南山珍稀动物朱鹮

终南山山区野生动物种类丰富，目前已知秦岭地区的兽类约有140种，其中包括大熊猫、羚牛、金丝猴、云豹、小灵猫、大灵猫、猞猁、金猫、林麝、斑羚和猕猴等中国特有的珍稀动物种类。到目前为止，秦岭山脉共发现鸟类338种，其中包括朱鹮、白鹇、苍鹰、赤腹鹰、雀鹰、松雀鹰、血雉、红腹角雉、白冠长尾雉等国家保护鸟类和特有鸟类近20种。大熊猫、金丝猴、羚牛、朱鹮被称为“秦岭四宝”。

关于终南山动物的种类早在《山海经·西山经》中古人就有“兽多猛豹，鸟多尸鸠”的概述。在唐诗中我们也可发现许多关于终南山动物的描述，如李白《白马篇》有“弓摧南山虎，手接太行猱”，《经乱后将避地剡中留赠崔宣城》中有“我垂北溟翼，且学南山豹”；元稹《代曲江老人百韵》“箭倒南山虎，鹰擒东郭昀”。可见终南山中常有猛虎雄豹等兽类出现。唐代著名诗人张籍游历终南山时．目睹朱鹮身姿华彩后有感而写的咏物诗，是一则记述朱鹮的珍贵的文字史料，其对朱鹮的特征和习性作了深刻形象的描述。

朱鹮

翩翩兮朱鹭，来泛春塘栖绿树。

羽毛如翦色如染，远飞欲下双翅敛。

避人引子入深堑，动处水纹开滟滟。

谁知豪家网尔躯，不如饮啄江海隅。

昔日的诗人如此深契自然之心，让人为之仰视。姚合《游终南山》“策杖度溪桥，云深步数劳。青猿吟岭际，白鹤坐松梢”中也有对终南山猿猴与白鹤的描写，说明当时终南山动物之繁盛。

（三）动植物的保护

秦岭的生物多样性不仅在我国具有典型特殊性和代表性，而且在国际上也具有独特性和代表性，引起了其他国家人们的重视和关注。为保护这一地区生物的多样性，全球环境基金资助具有世界意义生物多样性自然保护区，秦岭自然保护区群作为亚洲示范点之一，项目已于1996年开始启动，2001年结束。通过该项目的实施提高了秦岭自然保护区群的保护能力和管理水平，起到了推动和示范作用，有力地促进了国际交流与合作，推动了我省自然保护事业发展。

自20世纪60 年代开始，太白山自然保护区就成为我国第一批建立的自然保护区之一，自此之后秦岭自然保护区逐渐增加，截至2016年，秦岭山区已有22个国家级自然保护区。这22处国家级自然保护区可谓是种类繁多、资源丰富。除了新增的丹凤武关河珍稀水生动物国家级自然保护区、黑河珍稀水生野生动物国家级自然保护区之外，陕西省有关水资源与水生动物保护的国家级自然保护区还有三处：

陇县秦岭细鳞鲑国家级自然保护区、太白湑水河珍稀水生生物国家级自然保护区，略阳大鲵国家级自然保护区。另有14处国家级自然保护区是对大熊猫、金丝猴、羚牛、朱鹮、猕猴等珍稀野生动物的保护，其中佛坪国家级自然保护区、周至国家级自然保护区，长青、天华山、桑园、周至老县城、平河梁等国家级自然保护区以大熊猫及其栖息地为主要保护对象；佛坪、太白山、青木川、黄柏塬、观音山等5处国家级自然保护区的保护对象则更为综合，有熊猫、羚牛、金丝猴、小熊猫、豹、红腹角雉、金鸡等；牛背梁是国内唯一以保护羚牛及其栖息地为主的森林和野生动物类型的国家级自然保护区；周至国家级自然保护区则侧重于保护金丝猴等珍稀动物及其生存环境，是我国金丝猴种群数量最多、分布最集中的地区。

随着秦岭地区生态环境的好转，更多的珍稀濒危野生动植物种群得到扩大，目前为止，朱鹮的数量已由1981年发现时的7只增长到2000余只，其中野生种群存活500只左右，人工种群已增长到573只，濒危的状况得到缓解。据全国第三次大熊猫调查统计，陕西省共有大熊猫345只，成为全国密度分布最高的区域。金丝猴、羚牛的数量增加更为明显。

华夏血脉

终南山不仅是中国古人类和古文化的重要发祥地之一，也是中华文明诞生的摇篮。秦岭北麓陕西段终南山下是黄河支流渭河盆地的核心地带，是黄土高原的重要组成部分。远古时代，这里气候温和湿润，膏壤千里，自古以来就有先民生息繁衍，创造了灿烂的远古文化和辉煌的古代文明。在秦岭北麓蓝田境内灞河流域发现的蓝田猿人是远古西安、陕西乃至整个北半球最早的直立人，距今至少已有 115 万年的历史。就全国范围而言，它虽不及云南元谋人年代久远，但其古文化内涵远远比前者丰富，并且把元谋人和北京人之间的历史连接起来，是中国古人类史上重要的里程碑。截至目前，在秦岭北麓、渭河流域东抵华县，西到宝鸡，以西安为中心的关中范围内，有数十处遗址中出土与蓝田人同时代的旧石器，说明蓝田人的足迹已遍及关中，并繁衍、生息、劳作于这块土地，把人类的历史向前推进。

（一）历史遗迹

土地肥沃，物产丰富，地势便利，不但使陕西的关中平原成了中国最早的“天府之国”，而且也使陕西成了中国最早的人类起源地和最重要的古文明中心。这里既有亚洲北部已发现最早的直立人蓝田猿人，也有目前已发现的规模最大、时间最早的史前城市遗址杨官寨遗址；这里不仅是中华民族的人文始祖炎黄二帝的出生地和主要活动地，而且还是他们的埋葬地。大量考古资料表明，作为华夏文明的摇篮，陕西所孕育的历史如木之根本，水之渊薮，在文明发展史中具有发端和母体的地位。

大约100万年过去了，生活在秦岭北麓关中东部渭河北岸、洛河以东的大荔人，晚于北京人，早于丁村人、马坝人、长阳人，是中国境内目前发现最早、最完整的智人，距今约有20万年的历史。大荔人无论在体质形态还是生产工具制造方面都比蓝田人、北京人有了很大的进步。

从约10万年前到约2万年前，中国的原始人类进入以血缘为纽带的氏族公社时期。在秦岭北麓骊山脚下临潼区油槐乡发现的白家人，距今8000～9000年，是远古先民从山岳走向平原的第一站，是西安地区迄今发现最早的农耕氏族部落。随着生产工具的改进，母系氏族迅速步入繁盛时期，这一时期又称新石器时代。在此期间，秦岭地区的文化遗存星罗棋布，尤以渭河流域最为密集。举世闻名的秦岭北坡、白鹿原下、浐河东岸的西安半坡遗址和秦岭北麓、骊山脚下的临潼姜寨遗址，就是这一时期的典型代表，被誉为中国仰韶文化的两颗璀璨明珠。

半坡遗址博物馆

随着社会生产力的进一步发展，母系氏族公社向父系氏族公社过渡。父系氏族公社时期的原始村落遗址，在秦岭地区分布十分广泛，其中渭河流域极为稠密，仅秦岭北麓沣河下游7公里内，就有8处村落遗址。先后发现的有西安市长安区客省庄二期文化遗址、西安东郊浐河西岸十里铺米家崖遗址、西安市临潼区康家遗址等，其中康家遗址是目前秦岭地区迄今发现的最完整的龙山文化遗存。

从猿人到智人、新人，从旧石器到新石器以及金石并用时代，秦岭地区的远古人类走过了上百万年的艰难历程。秦岭地区的这些远古文化遗存不仅揭示了中国原始社会从发生到发展乃至解体的全过程，而且对研究私有制的产生和国家的起源具有十分重要的历史意义，还证明了人类社会是一个由低级向高级、由简单向复杂、由必然王国向自由王国发展的过程。这是一个不以人的主观意志为转移的客观规律。

作为中国的人类起源地和最重要的古文明中心，古人长期把陕西、把长安看做是最具控制力的天下中心。巧合的是20世纪80年代，国家几大部门历时数载，利用大量人力物力和科技手段所找到的大地原点，就位于陕西省泾阳县永乐镇石际寺村境内（北纬34°32′27.00″，东经108°55′25.00″），距离古都西安不到20公里。这意味着古人心目中的天下中心长安与现代中国的地质地理中心几乎重合。从这个意义上说，陕西既是古代中国的中心，也是现代中国的中心。

秦岭西端的陇山是古文明发祥地之一，考古发现在陇山区域有众多的古文化遗址，以大地湾文化为代表。大地湾遗址坐落在陇山西侧的清水河下游，最早距今7800年，最晚距今4800年，有3000年的文化延续，创造了多项古文化之最，为世人所瞩目。

蓝田县华胥村和甘肃的秦安（古成纪）这两个地方都处于秦岭与渭河相夹的地带，食源、水源都十分充足，并且以渭河为大通道，对善于疾驰的上古人类来说，两地相距并不算远，因此，两地当均属华胥氏大部落的领地。也就是说，作为部落首领的华胥氏在两地之间“巡视”和以两地为其主要的居住地是可能的。明确了华胥氏的生活年代，然后以上古人类遗址的发现和发掘情况作参照，从已有的备选地中进行筛选，可以初步断定华胥氏的生活地。陕西蓝田县华胥村周围已发现、发掘新石器时代的古人类遗址多处，其中重要的有半坡遗址、姜寨遗址、米家崖遗址、康家遗址和客省庄遗址等，遗址密度之大，在全国范围内实属罕见。这些遗址距离华胥村近的只有几公里，最远的也不过二三十公里。从延续性来看，蓝田县华胥村很可能就是华胥氏的生活地。

（二）人文始祖

黄帝是中国上古时期的一位部落联盟首领，被尊奉为华夏始祖和人文初祖。《国语·晋语》载：“昔少典娶于有蟜氏，生黄帝、炎帝。黄帝以姬水（今陕西武功漆水河）成，炎帝以姜水（今陕西宝鸡清姜河）成。成而异德，故黄帝为姬，炎帝为姜。”这是中国历史最早记载炎帝、黄帝诞生地的史料。《史记·五帝本纪》：“黄帝者，少典之子，姓公孙，名曰轩辕。生而神灵，弱而能言，幼而徇齐，长而敦敏，成而聪明。”

炎帝与黄帝同为华夏族的始祖。据历史文献记载，炎帝在中国历史上确实是存在的。《国语·晋语》载“炎帝以姜水成”，姜水即今陕西省宝鸡市境内渭水之南的清姜河。东汉初年的《说文解字》进一步肯定了“炎帝以姜水成”，即姜姓的炎帝之后长于今扶风县内的记述："邰，炎帝之后，姜姓所封，周弃外家。"随后，不少文献都有关于炎帝活动在姜水一带的记载，即今宝鸡市辖境内。郦道元在《水经注·渭水》中说："岐水又东径姜氏城南，为姜水。"他认为，《国语》《世本》《帝王世纪》中所说的"炎帝长于姜水"之姜水，正是岐水。《括地志》《雍录》等书认为姜姓原始氏族活动地区在古邰国，即今杨陵揉谷乡一带。上述所有记载都说明，炎帝是出生、活动在今宝鸡一带。

炎帝、黄帝雕像

《史记·封禅书》载："秦灵公作吴阳上畤，祭黄帝；作下畤，祭炎帝。"这是有文字记载的中国最早的官方祭祀炎帝活动，记的是公元前 424 至前 415 年间，秦灵公在宝鸡的吴山之阳设坛祭祀炎帝和黄帝的事情。据史料记载，早在唐代以前，这里就有规模宏大的神农庙、炎帝祠等，直到今天，神农坑、九龙泉、神农台等遗址依然存在。其中，坐落在常羊山上的炎帝陵十分雄伟，一直是炎黄子孙谒陵拜祖的圣地。从古至今，每逢阴历七月七日炎帝祭日，这里祭奠者络绎不绝。近年来，世界各地的华人纷纷来这里寻根祭祖，立碑志诚。

从历史遗存的角度来看，姜氏城所在的姜城堡背依秦岭，清姜河从旁流过，隔渭河与北首岭相望。这里有着丰富的历史文化遗存，至今仍保留着圣母庙和土地庙等历史人文景观。以姜城堡为中心，天台山、常羊山、蒙峪沟、九龙泉、清姜河、炎帝陵、炎帝祠等构成了一条完整的从出生、成长到死后安葬的炎帝文化链，为炎帝生于这里、一生主要生活在这里提供了丰富的佐证。

总之，根据《国语》等大量史料记载和考古发现与发掘的情况，以及著名史学家郭沫若、范文澜、翦伯赞等专家的考证结果来看，地处渭河中游的陕西宝鸡既是炎帝的诞生地、成长地和其一生的主要生活地，也是中国文化、中华文明的发祥地，同时又是中华民族重要的发源地之一。

秦岭关中地区，是华夏文明的人文故乡，也是中医学的重要宝地。传说炎帝神农在宝鸡天台山一带，长年累月地跋山涉水，尝试百草，每天都得中毒几次，全靠茶来解救。但是最后一次，神农来不及吃茶叶，被毒草毒死了。后人为了纪念农业和医学发明者的功绩，就世代传颂着这样一个神农尝百草的故事，并将中国第一部药书命名为《神农本草经》。此外，《黄帝内经》是我国迄今为止最伟大、也最重要的中医学经典，其内容结构是以黄帝和岐伯的对话展开的。

（三）华夏肇始

中国作为世界历史上仅存的文明古国，“绵绵瓜瓞”五千年，一般称之为华夏文明。华夏者，简明而言，是由“华”和“夏”两者构成。“夏”，即中国历史记载的第一个朝代夏朝。“华”，从中国历史记载的第三个王朝——西周的国家文明而来：周朝建都华山之西，“华”成为西周的国家文明标记。夏商周，史称三代文明。华夏国家形成于西周，这已经是学界共识。从秦岭与华夏国家的关系角度来看，华夏国家形成于西周，西周恰又建国都于秦岭北麓的丰、镐两京。华夏国家形成于西周的一个重要标志就是西周完成了“华”和“夏”的视野整合与文化综合。“华”对应华山以西，即陕西境内的狭义秦岭；“夏”对应华山以东，即广义秦岭的“两河”（黄河与洛河）。从秦岭与华夏国家的关系角度，我们提出华夏国家的两重概念。华夏国家的广义概念，即大家经常使用的含义：从“三代”到今天五千年的中国文化历史。华夏国家的狭义概念，即与秦岭研究关系非常密切的，从西周到唐代的中国文化历史，周秦汉唐皆定都于长安，秦岭南山毫无疑问是华夏国脉或中华“父亲山”。

华山雄姿

在华夏国家的狭义概念基础上，对于五千年中国文化的历史分期，我们愿意提出一个“三夏”概念：从西周到唐代的“华夏”，以汉民族为政治文化中心的历史时期；从宋代到清代的“夷夏”，以汉民族和少数民族同胞为二重奏的历史时期；从清代到今日的“启夏”。广义的华夏国家，包括“华夏（狭义）”“夷夏”“启夏”在内的“三夏”国家历史文化的概念。“华夏”“夷夏”的概念名称，人们熟悉。“启夏”的概念，来自于夏代开国的夏启和唐代都城的“启夏门”。夏启作为夏代的开国君王，也就是“启夏”吧。唐代都城长安的“启夏门”，位于大雁塔稍南。陕西师范大学的外事活动中心，即命名“启夏苑”。唐代长安的“启夏门”通往天坛和太乙宫，是祭天之门、超越之门、开放之门。因之，我们借用“启夏”概念，既和“华夏”“夷夏”对应，也指称处于开放世界、面临挑战、走向未来的现代中国。

（四）周人圣地

终南山的三大地望特征包含了周人兴起周原的秘密：其一，陇山与秦岭在泾渭形成十字形山脉骨架；峪口为平原农耕与山地牧猎两大文明的分界；渭水宝鸡峡、泾水五凤山即是此鲜明地望标志。其二，可耕可牧的西秦岭地望形势和忽耕忽牧的周人历史完全契合；多元优势（周，可耕可牧）面对单元文化（商，农耕为主）显示了以少胜多（量）的历史胜利，这恰是《西周史》难以理解的。其三，在夏、商、周三代的全部地望形胜中，最高点即在西秦岭。关中潼关以东——也就是夏商二代的中心区域，根本没有秦岭这样东向横亘、浩然绵延的千里高山。而秦岭——周人的南山又是怎样深入了他们的感知、生命与灵魂了呢？

终南山来自于直观的视知地望：它位于西周国都丰镐两京之南。《诗经·文王有声》写道：

文王有声，遹骏有声。遹求厥宁，遹观厥成。文王烝哉！
文王受命，有此武功。既伐于崇，作邑于丰。文王烝哉！
筑城伊淢，作丰伊匹。匪棘其欲，遹追来孝。王后烝哉！
王公伊濯，维丰之垣。四方攸同，王后维翰。王后烝哉！
丰水东注，维禹之绩。四方攸同，皇王维辟。皇王烝哉！
镐京辟雍，自西自东，自南自北，无思不服。皇王烝哉！
考卜维王，宅是镐京。维龟正之，武王成之。武王烝哉！
丰水有芑，武王岂不仕？诒厥孙谋，以燕翼子。武王烝哉！

在《诗经·文王有声》中，来源于“丰水”的“丰”，出现了五次，分别是：“作邑于丰”“作丰伊匹”“维丰之垣”“丰水东注”“丰水有芑”。前三句，“作邑于丰”“作丰伊匹”“维丰之垣”，写周朝建造丰京。后两句，“丰水东注”写大禹对丰水流向的治理；“丰水有芑”，写周武王对沣峪物产的治理。文中最后几句写周朝京城由丰京改变到镐京："镐京辟雍，自西自东""考卜维王，宅是镐京"。周朝京城由丰京改变到镐京，方向是"自西自东"，目的是"实施剪商"，消灭殷商，统一天下。丰水即秦岭终南山的沣峪，渭河的南山支流。南山丰水和周朝丰京同姓，南山是周朝丰镐的国脉。

周原出土青铜器

《周颂·天作》中的"天作高山，大王荒之"，歌唱的是周朝文武王对宝鸡西秦岭一带的最早拓荒，也是自然地理（"天作高山"）与人文地理（"大王荒之"）的最早相遇与融合表达。《周颂·般》中的"于皇时周！陟其高山。隋山乔岳，允犹翕河"，既写了周王封禅登山与天对话，也开始描写周朝的自然地望。《大雅·文王有声》"既伐于崇，作邑于丰""丰水东注，维禹之绩""考卜维王，宅是镐京""丰水有芑，武王岂不仕"，是西周早期来到秦岭终南山下历史文化的宝贵诗篇。其一，它反映了西周已经从西秦岭的西岐迁都于渭河南岸、终南山下的丰镐两京，国家的政治中心已从西秦岭东迁到中秦岭的终南山。其二，它写出了周文王与周武王的政权交替信息，及其先丰后镐的国都之变。具体说，丰京位于秦岭今日沣河的西岸，镐京位于秦岭今日沣河的东岸。其三，"丰水东注，维禹之绩"，既包含了重要的秦岭上古的自然地理信息（"丰水东注"），也包含了同样重要的上古历史地理内容（"维禹之绩"），因而受到史念海等专家学者的高度重视。谓《大雅·文王有声》是早期西周秦岭最为宝贵的历史地理诗篇，应不为过。

周原，在很大程度上，即"周源"。周原为渭河泾水包裹，还有"沮河""漆河"（"自土沮漆"）。它们的上游即周人源头，即今日泾渭上游的陇东与关中之间区域，也是周人的源头与故乡。其一，这符合沿谷移动的文明迁徙原理；其二，有大量古典文献记载；其三，已有大量考古资料（尤其长武县碾子坡遗址）证实；其四，符合起源的相对独立性原则；其五，“绵绵瓜瓞，民之初生”，周原是周人自我认同的故乡和圣地啊！

（五）儒学重镇

在漫长的中华民族的发展历史上，周代特别是西周是一个非常重要的历史阶段，它不仅是华夏民族国家的统一形成时期，也是中华民族文化传统的成熟时代。“宗周是夷夏合流，此后华夏民族形成，而‘郁郁乎文哉’的周，使夏商以来的传统文明发展到新的顶峰，为以后中华民族之灿烂文明建立了良好的基础”，周代文明的特点是以“礼”为基本特征，周武王伐纣建周后，进行了一次大规模的文化整理活动，这就是周公的“制礼作乐”。以周公为代表的周族统治者一方面对殷商的文化进行继承和整理，另一方面又发展和构建了新的文化体系，使西周时代形成了成熟的礼乐文明。宗周的礼乐文明是中华文明最早的成熟形态，奠定了我国古代两千多年以“礼”为核心的文化传统模式。

周公庙

宗周社会“礼”的思想，也为后来以孔子为代表的儒家学派继承和发展，成为儒家学说的重要组成部分。经过孔子、荀子的补充和发展，“礼”内化为修己之道，外化为治人之政，寓强制于教化，使国家法权和道德修养融为一体，兼有德与刑的双重功能，为历代王朝所沿袭。古代的圣君贤臣都将“礼”作为安邦定国、励精图治的重要手段，而“礼治”也成为封建国家的理想蓝图，来表现中华民族有别于外邦异域的社会理想。“礼”已成为中华文明最基本的特征和最重要的标志之一，使中华民族赢得了礼仪之邦的美誉。

《周礼》作为儒家的重要经典，不仅仅是制度设计，而是因为这些制度设计背后所蕴涵的普遍的社会正义原则。孔子讲“礼”（制度规范）可“损益”（《论语·八佾》），而进行“损益”的根据正是这种正义原则。《周礼》的制度设计，体现着儒家的博爱精神。如保息制度：“以保息六养万民：一曰慈幼，二曰养老，三曰振穷，四曰恤贫，五曰宽疾，六曰安富。” 周礼目的是以周人的标准来规范各族和各代礼乐内容，并通过制度的形式推行到各个不同等级的统治阶级中去；其意义在于扩大周文化的影响，加强周人血亲联系和维护宗法等级秩序；其本质是“经国家，定社稷，序民人，利后嗣”。从后世影响上来看，西周以宗法等级制度为核心的礼的思想，成为中国古代社会正统统治思想的核心。当然在其后的时代，礼的适用范围和功能发生移转，从西周之时主要作为政治权力分配功能的原则，到汉代以后转变为社会生活层面秩序塑造和维持的机制，但礼的基本原则，亲亲、尊尊、长长和男女有别，并未发生改变，反而得到巩固和强化。同时，西周意识形态奠定了中国古代社会意识形态的基本格局。

刘邦入关时，萧何首先将秦丞相府的图籍文书档案收存保护起来。至武帝时，“建藏书之策，置写书之官，下及诸子传说，皆充秘府”，长安的学术文化自此开始兴起。成帝时，“使谒者陈群求遗书于天下”，并分类编排。经过收集和刘向等人的整理，汉末集中到长安的书籍共有 596 种 13260 卷。长安不仅藏书丰富，学校也很发达。城内设立了太学，由五经博士授经，还有各类私家教授聚徒讲学。经西汉一代的发展，至西汉末年长安已成为全国的经学中心，对全国产生极大的吸引力，各地士子纷纷至长安求学，如翟方进、刘秀等人皆曾负笈北上，至长安求学。

东汉大儒马融少时即在终南山师从著名学者挚询，研习儒家经典，后来在关中传播儒家思想，常随弟子达四百多人。著名儒家大师郑玄也是通过这里的学习而奠定了他在儒家历史上的地位。宋代的张载在终南山麓聚徒倡儒，成为一代儒学大师，为中国儒学思想增添了重要内容。周孔之道，发自秦岭北麓的关中。西周建都西岐、丰镐，活动在秦岭地区的西周诸圣创造了以仁义礼智为核心的王道文化，奠定了中国传统文化的基调。这套制度之所以为后世所称道，是因为它是以道德为核心而建立起来的，由此确立了道德在治国理念中的主导地位，这对于中国历史的发展方向，产生了极为深远的影响。贾谊评价周公：“孔子之前，黄帝之后，于中国有大关系者，周公一人而已”。这一文化后来成为孔子思想的主要渊源。儒家经学的确立，始于长安。西汉帝国建都在秦岭北麓的长安，自汉武“罢黜百家、独尊儒术”之后，儒学战胜诸子百家，成为西汉王朝的官方意识形态，长安成为全国儒学的中心，一时学者云集，盛况空前。东汉关西，经学极盛。东汉时，虽然长安不是帝都，但当时关西儒学发达，出现为人称道的关中经学世家，其学术繁荣程度，丝毫不亚于东京洛阳。三国魏晋南北朝之际，国家分裂，烽火连天，佛、道崛起，儒学发展相对衰弱。但此时的秦岭地区，仍然出现了杜预、徐遵明等著名经学家，经学发展不绝如缕。

董仲舒像

隋唐长安为两代帝国首都，此时秦岭地区重新成为全国经学中心，完成了汉魏六朝经学的融合与统一，产生了颜师古、啖助等重要的本土经学家。长安的文化活动更趋兴盛。唐太宗即位后，精选天下大儒，令孔颖达撰《五经正义》180 卷，颜师古又制《五经定本》，一时“四方儒士，多抱典籍，云集京师。”长安还设置了弘文馆，内中藏书达 2 万余卷。集贤院是最高学术研究机构，群英荟萃，藏书丰富。其时长安学术文化的盛况正如独孤及诗中所描写的那样：“图籍凌群玉，歌诗冠柏梁。阴阴万年树，肃肃五经堂，挥翰忘朝食，研精待夕阳。”唐代还在京师内设置史馆，开官修前代史之新风。贞观时修撰了梁、陈、北齐、北周、隋五史，合称《五代经传》，共 225 卷；高宗显庆年间又完成《五代史志》《南史》《北史》《晋书》等史书的修撰。其中，唐太宗亲自撰写了“宣帝”“武帝”“陆机”“王羲之”四论，总题为“御撰”。此外，还有刘知几《史通》20 卷、杜佑《通典》200 卷等书籍的编纂。作为国都，长安的风俗文化也相当发达，所流行的时尚为全国各地竞相模仿，显示出长安文化巨大的辐射力。如《西京杂记》中记载汉代长安风俗：“汉宫七夕穿针，皆会于开襟楼，针皆七孔”，并“临百子池，从五色缕相羁，谓之相怜爱”。至九月间，更“佩茱萸、房铒、蓬饵，饮菊酒，其法以菊杂黍米，酸酒封室中，至来岁重阳日开”。这些风俗随后逐渐扩展，最终成为全国通行的岁时习惯。

宋明之际，尽管此时秦岭地区已进入后帝都时代，失去了政治与经济优势，但当时秦岭地区的理学仍在全国占有十分重要的地位。北宋张载创建了内圣外王的气学体系，其“为天地立心，为生民立命，为往圣继绝学，为万世开太平”的名言被当代哲学家冯友兰称作“横渠四句”，因其言简意宏，历代传颂不衰。张载《正蒙》中“民吾同胞，物吾与也”，意思是说天下百姓是我的同胞兄弟姐妹，世间万物是我的朋友，它所表达的是“大心”“博爱”的情怀。在张载看来，圣贤之心如太虚之大而无外，只有大其心，才能体认天下万物，人的心应扩大到与天同大的境界，才能合天道之心。“民胞物与”是对传统文化中“和”的观念的发展和创新。人和人、人和社会、人和自然万物，都应该是和谐的关系，这种理念和处世态度，是张载及后世关学学者的鲜明特点。面对当今世界上普遍存在的人与人、人与社会、人与自然的关系，阶级、阶层、族群以至国与国的关系全面紧张的状况，张载的这一重要思想，无疑具有警世的意义。张载讲学的张载祠位于眉县的横渠镇，元成宗元贞元年（1295 年），在原横渠书院旧址上建张载祠。元泰定帝泰定三年（1326 年），在张载祠内恢复横渠书院，形成“后祠前书院”格局。祠内现存清康熙帝御匾一块及横渠书院笔筒、院印、砚台等；另存有北宋以来文人墨客留下的石碑 50 余幢。同时，已经成立的陕西关学研究中心、西安社科培训学院眉县培训部、横渠书院等机构正在运行。其弟子蓝田“三吕”编订《吕氏乡约》，名垂青史。在元代，奉元诸君子昌道关中继斯文于既坠。明朝时，前有薛敬之、吕柟等为代表的河东学派以及王恕、王承裕父子开创的三原学派，后有王之士、冯从吾、张舜典为代表的晚明关中心学一派，使关学一脉盛极一时。清代关中理学可圈可点。其时，周至李颙名列明末清初“三大儒”之首，李颙、李因笃、李柏号称“关中三李”。此外，尚有王宏撰、王建常、康乃心、王心敬、刘绍攽等人知名全国。至于晚清，与倭仁同时，朝邑李元春为关中大儒，其弟子杨损斋、贺复斋、薛仁斋弘道关中，有“关中三学正”之称。贺复斋弟子牛兆濂、张葆初亦闻名当世。同时还有长安柏景伟、咸阳刘古愚为西北先觉，蒙文通先生认为西北理学的复兴，是由李元春发端的。总之，单就儒学而论，自西周至晚清，秦岭地区实为孕育先秦儒家之圣地，经学昌明与极盛之中心，理学发生、发展之重镇，在整个儒学史上具有突出地位，对中国文化事业的发展作出巨大贡献。可以说，秦岭地区是儒学的渊薮、经学的中心、理学的重镇。

张载祠

神话传说

中国古代神话传说也是我们认识远古人类社会生活的一把钥匙，更是我们解开秦岭地区中国古人类百余万年发展历程的蹊径。徐旭生认为：“世界上任何一个民族最初的历史总是用‘口耳相传’的方式流传下来的。”司马迁《史记·五帝本纪》就是利用当时的传说故事记录下来的中华民族最初的历史。因此，“华胥氏生伏羲氏、女娲氏，伏羲、女娲生少典，少典生炎帝、黄帝”，就是华夏民族的主源头和主线索。而灞河流域就是华夏文明诞生的摇篮。从秦岭北麓的公主岭到陈家窝，从灞河流域的华胥古镇到浐河流域的西安半坡，中国古人类百万年的历史画卷从此展开，华夏文明的曙光从这里迸发出来。

（一）神话传说的土壤

《春秋世谱》中说：“华胥生男名伏羲，生女名女娲。”近年来，经过从人类学、考古学、民俗学等多方面的反复考证，学术界有了一个比较一致的看法：华胥氏是我国上古时代母系氏族社会的一位女首领，是伏羲、女娲的生身之母，是华夏族的元母。近年来在陕西蓝田举行的全球华人祭祀华胥氏大典得到了海内外华人的共同关注和积极参与。古人把终南山的山峰和山谷视为天地之神的居地。汉元封二年（前 109），汉武帝在翠华山口建太乙宫祭祀太乙神，历来敬神烧香者甚众。美国汉学家比尔·波特在《空谷幽兰》一书中提到："终南山，有人将它解释为月亮山。传说中，那里是太阳和月亮睡觉的地方，在它神秘的群峰中，坐落着天帝在尘世的都城，还有月亮女神的家。"唐高僧玄奘甚至誉终南山为"众山之祖"。由此可见，终南山在古代是与天地神明紧密相关的，在众山之中有着颇为独特的地位。

上古传说中的事情虽然多有虚构的成分，但其中也不乏历史的真实。因为在文字产生之前，人类生活中发生的重大事情都是靠人们口口相授、代代传承下来的，因此，上古传说中含有大量真实的人类历史成分。尤其是传说中的地名和古遗址，由于其自然延续性，真实性的成分更大一些。至今，蓝田县华胥镇保留的历史遗迹有华胥氏履巨人足迹的雷泽所在地雷庄，有华胥沟、华胥窑、华胥河、华胥陵等。《纲鉴易知录》载："太昊之母居于华胥之渚。"注云："华胥，在今陕西蓝田县，小渊曰渚。"《竹书纪年·前编》载："太昊庖羲氏，太昊之母居于华胥之渚，履巨人迹，意有所动，虹且绕之，因而始娠。"徐文靖笺："按，华胥，地名，在陕西蓝田县，小渊曰渚。"这两本书中都讲古华胥国在今陕西省蓝田县的华胥镇。

女娲是上古传说中的女神，是中华民族的圣母。古诗中有许多关于女娲造人和补天的传说，如"女娲炼五石，天缺犹可补"（陆龟蒙《杂讽九首》）""女娲戏黄土，团作愚下人"（李白《上云乐》）。《淮南子·览冥篇》记"往古之时，四极废，九州裂，天不兼覆，地不周载；火爁炎而不灭，水浩洋而不息；猛兽食颛民，鸷鸟攫老弱。于是女娲炼五色石以补苍天，断鳌足以立四极，杀黑龙以济冀州，积芦灰以止淫水。苍天补，四极正；淫水涸，冀州平；狡虫死，颛民生；背方州，抱圆天。"

女娲与伏羲画像砖拓片

不仅有女娲补天的传说，还有女娲造人的传说。关于女娲补天，《风俗通》中记载：“俗说天地开辟，未有人民。女娲抟黄土作人。剧务，力不暇供，乃引緪（緪，粗绳索）于泥中，举以为人。故富贵者，黄土人；贫贱者，引緪人也。”她不仅制笙簧、正姓氏、通媒妁，开了中华文明的先河，而且斗猛兽、炼石补天、救民于水火，树立了千古不朽的精神丰碑。大量的文献记载、民间传说、历史遗迹和考古结果证实，陕西是女娲的主要生活地。

华山人文历史悠久，拥有许多美好的故事和传说。著名的如三圣母的故事、回心石的故事、仙油贡的传说等。这些故事或赞颂人美好的精神品质，或教人归正向善，或对善行进行褒扬，大都具有积极的思想内涵。三圣母是一位传说中的女神。相传华山神女三圣母与进京赶考的书生刘彦昌一见钟情，私结姻缘，被其兄长二郎神察知。为维护天规，二郎神施法力将三圣母压在华山西峰巨石之下。三圣母于石下生下儿子沉香。经仙女灵芝相助，沉香回到刘彦昌身边。沉香后来受霹雳大仙指点，学成武艺，执神斧劈开巨石，救出生母。人们因感于这一段人神相爱的故事，遂将三圣母纳入祀奉之列。旧时西岳庙雪映宫为其本庙，今华山西峰和玉泉院圣母殿有供奉。

关于渭河，也有夸父逐日和姜子牙渭水垂钓的传说。《山海经·夸日逐日》：“夸父与日逐走，入日；渴，欲得饮，饮于河、渭；河、渭不足，北饮大泽。”这一神话中不仅提到渭河，而且将其与黄河并提。夸父逐日传说所反映出的夸父英雄主义的精神也受到历代文人的吟咏与感喟，柳守元在其《杂曲歌辞·行路难》中赞道：

君不见夸父逐日窥虞渊，跳踉北海超昆仑。
披霄决汉出沆漭，瞥裂左右遗星辰。
须臾力尽道渴死，狐鼠蜂蚁争噬吞。
北方竫人长九寸，开口抵掌更笑喧。
啾啾饮食滴与粒，生死亦足终天年。
睢盱大志少成遂，坐使儿女相悲怜。

又如，姜子牙“渭水垂钓”的故事。殷商王朝后期，殷纣王暴虐无道，荒淫无度，朝政腐败，民不聊生，怨声载道。而西部的周部落由于西伯姬昌（后为周文王）倡行仁政，实行勤俭立国和裕民政策，社会清明，人心安定，国势日强，四边诸侯望风依附。心怀奇策的姜尚，得知姬昌为了治国兴邦，正在广求天下贤能之士，便来到渭水之滨的周领地，栖身于磻溪，终日以垂钓为事，以静观世态的变化，待机出山。后来，姜尚辅佐文王，兴邦立国，还帮助文王的儿子武王姬发，灭掉了商朝，被武王封于齐地，实现了自己的建功立业的愿望。

这些传说其实都说明渭河流域不仅是中华民族早期的栖息地，也是中国文化的重要发祥地。

（二）三皇五帝传说

按照传统文化的脉络，《淮南子·天文训》：“昔者共工与颛顼争为帝，怒而触不周之山，天柱折、地维绝，天倾西北，故日月星辰移焉；地不满东南，故水潦尘埃归焉。”按此，也许秦岭就是倒下的天柱。它基本走向是偏西北。我们顺着这个神话轨迹，看见了与自然契合的一面，虽然现代科学证明不是这样的，但是它拟人化的描述却对我们认识现象起到了有益的作用。至少让人们引起一种兴味，一种对宇宙自然浩渺的遐思。

关于炎帝制作耒耜，使人类由渔猎走向农耕文明的记载很多。《周易·系辞下》曰：“庖羲氏没，神农氏作，斫木为耜，揉木为耒，耒耨之利，以教天下。”《逸周书》曰：“神农之时，天雨粟，神农遂耕而种之；作陶冶斤斧，为耒耜，组耨以垦草莽，然后五谷与助，百果藏实。”《白虎通》曰：“古之人民皆食禽兽肉，至于神农，人民众多，禽兽不足，于是神农因天之时，分地之利，制耒耜，教民农作，神而化之，使民宜之，故谓之神农也。”而耒耜的发明和五谷的种植在考古中均得到证实。

炎帝教民织麻为布技术，解决民众的御寒之衣。根据半坡出土的布纹陶片可知，早在6000年前，我们的先民已经有了织麻为布的技术。炎帝进一步地改进和推广了这一技术，使人们不再为御寒之衣犯愁，加快了中华文明的脚步。炎帝教民制作陶器技术，改善人们的生活条件。陶器的发明，使人们加工熟食的条件大大改善，提高了人们的生活质量和健康水平，将人类的文明向前推进了一大步。炎帝教民制陶技术，使得陶器的品类多样化，大大改善了人类的生活条件。

炎帝遍尝百草，发明医药，开创了中国医药文化。上古时期，人们的生存环境比较恶劣，加之饮食的原因，疾病较多。炎帝为了保障人们的健康，决心寻求治病之药。《淮南子·修务训》说：“（炎帝）尝百草之滋味，水泉之甘苦，令民知所避就。当此之时，一日而遇七十毒。”《通志·三皇记》载：“（神农）一日间而遇七十毒。或云神农尝百药之时，一日百死百生，其所得三百六十物，以应周天之数。”这些记载虽有夸张的成分，但神农尝百草历尽艰险，九死一生，当是事实。炎帝为了“和药济人”，救死扶伤，采药、尝药的足迹遍布大江南北。人们为了纪念炎帝发明医药的伟大贡献与献身精神，将我国出现的第一部药物学史著称为《神农本草经》。

炎帝做五弦琴，以乐百姓。为了“通神明之德，合天地之和”，使人们的身心宁静，性情温良，炎帝还发明了愉悦身心的乐器。据《世本·下篇》载，炎帝削桐为琴，结丝为弦。他发明的这种琴“长三尺六寸六分，上有五弦：宫、商、角、徵、羽”。这种琴发出的声音，能道天地之德，调节人们的身心。炎帝削木为弓，以威天下。《吴越春秋》载：“神农皇帝弦木为弧，剡木为矢。弧矢之利，以威四方。”这段话的意思是炎帝用弦绷紧木料成弧形，做成弓，把木材削尖锐，做成箭。有了弓箭，可以有效地防止野兽的袭击，有力地打击了外来部落的侵犯，保卫了人们的生命安全和劳动成果。

炎帝首辟市场，互通有无，开创了商业文化。据《周易·系辞下》载：“（神农）日中为市，致天下之民，聚天下之货，交易而退，各得其所。”即在正午时分，大家把各自的东西拿到市场上去，以物易物，互通有无。神农发明的日中为市、以物易物的市场交换方法是我国货币、商业文化的起源。炎帝还发明“刀耕火种”技术。《左传·昭公十七年》记载：“炎帝氏以火纪，故为火师而火名。”火的发现，对上古人类具有不可估量的意义。一方面，利用火可以蒸煮食物，防治疾病，抗寒保暖。另一方面，把火推广、应用到农业方面，用火烧荒，开垦土地，“刀耕火种”，大大提高了农业生产效率。

总之，炎帝是中华农耕文明的创始者。他始种五谷以为民食，制作耒耜以利耕耘，遍尝百草以医民恙，织麻为布以御民寒，陶冶器物以储民用，削桐为琴为怡民情，日中为市以利民生，剡木为矢以安民居，为中华民族的兴旺发达做出了巨大的贡献，受到人们的敬仰。早在曹魏时期的曹植曾写诗赞道：“少典之胤，火德承木。造为耒耜，导民播谷。正为雅琴，以畅风俗。”因此，他不仅被尊为中华民族的始祖，而且作为中华五千年文明的象征载入世界文明的史册。

（三）八仙的传说

吕洞宾，唐代道士，后道教奉为神仙，是“八仙”中传闻最广的一位仙人，传说为关中人。一说为唐朝宗室，姓李，武则天时屠杀唐室子孙，于是携妻子隐居碧水丹山之间，改为吕姓。因常居岩石之下，故名岩。又常洞栖，故号洞宾。也有传说他是唐朝礼部侍郎吕渭之孙，因感仕途多蹇，转而学道。《宋史·陈抟传》记载吕岩为“关西逸人，有剑术，年百余岁。步履轻捷，顷刻数百里，数来抟斋中。”从《宋史·陈抟传》记载的“关西逸人”看，传统所说的吕洞宾为京兆人，便有可能。《全唐诗》收有他的诗作二百多首。吕洞宾得道成仙之前，曾流落风尘，在长安酒肆中遇钟离权，“黄粱一梦”，于是感悟，求其超度。经过钟离权生死财色十试，心无所动，于是得受金液大丹与灵宝毕法。后来又遇火龙真君，传以日月交拜之法。又受火龙真人天遁剑法，自称“一断贪嗔，二断爱欲，三断烦恼”，并发誓度尽天下众生，方愿上升仙去。民间流传有吕洞宾三醉岳阳楼、度铁拐李、飞剑斩黄龙等故事，吕仙形象深入民间，妇孺皆知。宋代封吕洞宾为“妙通真人”，元代封为“纯阳演政警化孚佑帝君”，后世又称“吕纯阳”。

八仙图

刘海蟾，世界道教主流——全真道祖师，《历世真仙体道通鉴》卷四十中记载他于五代仕燕主刘守光为祖，先遇正阳子点化，辞官寻道，后遇吕纯阳，授以丹道，从此，刘海蟾以钟离权、吕洞宾为师，追随他们遁迹于天下道教祖庭——西安市户县终南山下石井镇阿姑泉欢谷，在刘海蟾故里修道成仙，今陕西省西安市户县曲抱村玉蟾台有唐朝所建刘海庙和老子瓜牛台遗址。传说刘海蟾为丞相时，一日一道人拜谒，自称正阳子。向其索要金钱，鸡蛋各十枚，在桌上间隔高叠。海蟾惊叹曰：“危哉！”道人曰：“相公生命俱危更甚。”海蟾因此大悟，翌日即从道隐去。海蟾子得吕纯阳授以清静无为、养性修命及金液还丹诸法。

关于刘海蟾是否是八仙之一，民间有争议，道教所认为的“八仙”产生于元代，元人杂剧中的八仙几乎大多都是男仙，有的没有张果老、何仙姑，而有风僧寿；有的无何仙姑，但是却有徐神翁。明代《列仙全传》中，刘海蟾名列其中。直到《八仙出处东游记》张果老替代了刘海蟾，即使如此，“下八仙”中，刘海蟾的名字还存在其中。刘海蟾成为八仙之一，并不是毫无根据的，事实上，最早的时候，道教八仙的说法是由全真教徒提出来的，而刘海蟾是全真教供奉的全真五祖之一。民间有刘海蟾拜钟离权、吕洞宾为老师的故事，许多根据表明刘海蟾具备成为八仙之一的能力。但是到了最后，他却从八仙中独立了出来，成了为人们供奉象征欢乐富贵的神仙。

（四）赵公明的传说

民间对财神之信仰远早于《封神榜》。考各地民俗，民间信仰之财神为姜太公姜子牙封神时所封之赵公明。赵公明为陕西终南山人，即现在的周至集贤赵代村人。

赵公明的名称最早见于汉代，为日之精。道教经典《典籍实录》记载：赵公明乃“日之精”。上古时，天上现十日，尧命羿射九日。八日落入青城之内为鬼王，发病害人。唯一日幻化成人，骑黑虎，执银鞭，隐居蜀中，乃赵公明也。后天师张道陵让其守护丹室，丹成之后得一份，变化无穷，法力大增。天师又使其护玄坛，故以“玄坛元帅”称之。天师升天后向天庭保举，封其为“天将”。这段话最早记载了赵公明由“鬼王”到“天将”的过程及其形象特征。元明时开始将赵公明和财神联系起来了。元明时《三教源流搜神大全》云：“赵公明，终南山人，头戴铁冠，手执铁鞭，面如黑炭，胡须四张。跨黑虎，授正一玄坛元帅。能驱雷役电，呼风唤雨，除瘟剪疟，祛病禳灾。如遇讼冤伸抑，能解释公平，买卖求财，宜利合和，无不如意。”据当地群众口传：在钟灵毓秀、绵亘起伏的终南山北麓，有一块风水宝地——周至县集贤镇赵代村，距今3000多年前的商朝中后期，出现了一个声振寰宇的人物，他就是被誉为“正一玄坛元帅”的财神赵公明。在商周时期，赵代村周围数里，到处都是大片的灌木林，荆棘丛生，人烟稀少。今民间还有谚语：“家住周至枣林川。”不仅道出了这里的生活环境状况，而且点出了赵公明的住址。

赵公明出生时颇具传奇性，一般小孩经过十个月怀胎之后分娩，而赵公明的母亲却怀胎十数月，终于在3月15日那天小公明出生了，破落的小院浴满了祥光瑞气，整个山谷鹊鸣虎跃，非同寻常。然而，赵公明幼时却家境贫寒，生活艰难。他诚实守信，勤劳致富，力大无穷，武艺高强，谋财有道，心地善良，乐善好施，深得大家信任。为了减轻父母的负担，他进终南山砍伐木材，经常把自己打柴卖草所赚的钱送给那些生活困难的穷人以及需要帮助的人，方圆几十里的百姓都很喜欢他。虽然没有条件上学读书，但是自幼聪慧的他经常到一些有书的人家借书看，凭着他的聪明才智，勤学苦练，最终自学成才。在学习文化知识之余，他还习武强身，研习布兵摆阵，不仅练就了一身好功夫，还精通兵法，为他日后当元帅打下了坚实的基础。赵公明不仅人品好，还胆识过人。听说黑水峪这里有一只为祸乡里、伤人性命的黑虎，害得周围的男人不敢耕田，女人不能采桑。有一次，赵公明带了镰刀和扁担到黑水峪去打柴，他刚到黑水峪，就碰到了那只平日里为非作歹的黑虎，他年龄虽小但力气很大，趁黑虎不备之时，他扑上前去，三下五除二就将黑虎降服了，为百姓除了这一害。周围的百姓都非常高兴，亲切地叫他“黑虎爷”。现在秦腔《黑虎坐台》里的唱词“手拿铁索把虎拴”就是当时伏虎的生动写照。后来，黑虎就变成了赵公明的坐骑。民间还有另一种说法，认为赵公明身下坐骑不是黑虎，而是龙子“鳌”。原因很简单，老虎不可能通人性，只有龙之子才会通人意。“鳌”到人间祸害百姓，经常骚扰周边村民，百姓都拿他没办法。赵公明听说了以后，他就去降服了鳌，日后就变成了他的坐骑。传说有人借赵公明钱财做生意，不料遭遇天灾亏了血本，一时无力偿还。赵公明发现该人手持一双木棒，遂让其将这双木棒抵债，对方愕然。赵公明由这双木棒得到启发，加工成筷子，将木材废料做成筷子出售，不但将借款赚回而且积累了大量财富。赵公明就是“箸”也就是“筷子”的发明人。赵公明的故乡周至赵代村位于终南山山麓，终南山盛产竹子和树等各类木材，是制作筷子的主要材料。后来筷子在民间逐渐推广，代替了之前以勺或手取食的习惯，成为方便卫生的餐具。据《韩非子·喻老》载：“昔者纣为象箸而箕子怖。”司马迁在《史记·宋微子世家》亦云“纣为象箸，箕子叹曰：彼为象箸，必为玉杯；为玉杯，则必思远方珍怪之物而御之。舆马宫室之渐自此始，不可振也。”可见商纣王也是在赵公明发明竹箸、木箸的基础上创造了著名的“象牙箸”。他勤劳诚信，买卖公平，由小本木材买卖逐渐发展到做木材生意，积聚了不少财富。当时正值商周交兵，战乱不断，关中一带有很多穷苦百姓和流浪难民，他就把自己做生意赚来的钱散给了那些人，还常常接济十里八乡的乡党，大家都很爱戴他。因此，他在百姓中间的名气也越来越大，传播到了很远的地方。不久，赵公明的英名传到了闻太师的耳朵里，闻太师极其赏识他，便将他举荐给殷纣王，召到了商朝的都城朝歌，授予他大夫之职，主要掌管财政，涉及粮食、钱财、布匹等。现在赵代村名字之由来即起于此，赵代村即赵大村，周至地方方言大代不分，都称代。由于他威望高，又深得百姓喜欢，西岐与殷商交战以后，赵公明便被封为兵马大元帅，殷纣王派他到关中一带抵御周文王大军的进攻。他的兵马所到之处，与民秋毫无犯，还常常施舍钱财给百姓，关中百姓大为感动。

后稷稼穑

早期的原始农业遗存多就丘陵阜岸而居，故古籍中多见“九丘”“九州”“九山”之称。昔夏之兴也，融降于崇山。学术界认为原始农业的出现，山麓地带是值得注意的地方。这样的地理环境，缘山便采集，濒水宜渔猎，是初始时期种植作物和驯养家畜的适宜环境。农业的创造发明，首先应归功于妇女。在以母系为中心的民族社会里，妇女是生产活动的组织者和领导者，当时男子主要从事狩猎，女人则负责外出采集，所以原始农业主要是妇女经营的。于是她们就有较多的机会对大自然进行观察，并对植物进行试种和野生动物驯化，从而成为农业开创者。平整土地是农田灌溉的基本前提之一。先周时期人们将田土整治谓之“疆理”。“后稷之穑，有相之道”。公刘迁豳，登上山冈，借助日影，相其阴阳，度其原隰，然后彻田为粮。彻，治也，治其豳国之田，以为久住之基。周人卜居周原后，划区域，理疆界、通沟洫、筑田垄，畎亩耕作法似已用诸农业生产。

明人绘后稷像

在《诗经》这部我国古代人民最早的诗集里对后稷稼穑就有所反映。传说周民族的祖先弃，在帝尧时被封于邰，即后稷，他很小就学种庄稼。《诗经·大雅·生民》曰：“蓺之荏菽，荏菽旆旆，禾役穟穟，麻麦幪幪，瓜瓞唪唪。”所种的大豆、粟、麦类、瓜类，都长得如此茂盛，其技术是他的母亲姜嫄传授的。《大雅·生民》中“厥初生民，时维姜嫄”，对姜嫄力加颂扬，这确实反映了妇女在农业上的功绩。随着农业生产的发展，氏族公社男女成员的地位也随之发生变化，到男成员在农业生产中的地位普遍提高时，原始公社组织和社会关系也逐步发生了变化，由母系氏族社会逐步转变为父系氏族社会。

（一）农耕文明之源

先周农业之崛起，是关中地区原始农业持续发展的结果。关中沃野千里，雨季与高温期同步，明显的周期性气候，特别适宜于原始农耕文化的发展。早在中石器时代，这里特殊的气候、地理条件下开始了从狩猎转变为畜牧，由采集渐进到农业的漫长过程，初萌原始农业端倪。襄公救周，取得向岐、丰之地发展的合法权利，这在秦农业发展史上具有决定性意义。当时犬戎取周之焦获，而居泾、渭之间，所以平王在赐秦岐以西之地的同时许诺秦可以攻逐岐、丰之戎，并占有其地。岐周至丰京间的广大地区，是周民族长期经营农业的中心地域所在，人民有先王遗风，好稼穑，代表了当时农业发展的最高水平。周人是一个古老的姬姓部族，兴起于夏、商之际。周人灭商后建都于镐京（今西安西部），史称西周。周人从事农耕的起源很早。《史记·周本纪》里说，周人的始祖后稷“及为成人，遂好耕农，相地之宜，宜谷者稼穑焉，民皆法则之。”到后稷三世孙公刘时，周人定居于豳（今陕西旬邑），农业更为发达。公刘九传至古公亶父时，受戎狄之压迫，全族又迁到周原（今陕西岐山）。周原土地肥美，宜于耕植，便在这里定居下来。所以，周人的农业生产并非始于灭殷以后从商人承继而来，而是早有基础的。

先看《观刈麦》：

田家少闲月，五月人倍忙。
夜来南风起，小麦覆陇黄。
妇姑荷箪食，童稚携壶浆。
相随饷田去，丁壮在南冈。
足蒸暑土气，背灼炎天光。
力尽不知热，但惜夏日长。

复有贫妇人，抱子在其旁。
右手秉遗穗，左臂悬敝筐。
听其相顾言，闻者为悲伤。
田家输税尽，拾此充饥肠。
今我何功德，曾不事农桑。
吏禄三百石，岁晏有余粮。
念此私自愧，尽日不能忘。

《诗·小雅·甫田》载："倬彼甫田，岁取十千，我取其陈，食我农人。"《诗·七月》载："采荼薪樗，食我农夫。"可知在公田上劳动的还有由主人管饭吃的"农人""农夫"，这些人可能就是甸徒一类的奴隶。这类人在春秋时称隶农。《国语·晋语》载："其犹隶农出，虽获沃田，而勤易之，将不克飨，为人而已。"他们没有私田，完全在主人的田地里耕作。

从《诗经·小雅·无羊》中所描写的情况来看，当时奴隶主贵族们饲养着大量的牛羊，每群羊多达300只，每群牛多达90头，而且牛羊都长得膘肥体壮。

（二）天府之国

两千多年前，诞生于陕西的史圣司马迁在中国第一部纪传体史书《史记》中说："夫关中左崤函，右陇蜀，沃野千里，南有巴蜀之饶，北有胡苑之利，阻三面而守。独以一面东制诸侯。……此所谓金城千里，天府之国也。"在人们的印象中，"天府之国"好像专指四川盆地的成都平原，但司马迁的《史记》明确告诉人们，至迟在秦汉之际，陕西的关中平原就已有了"天府之国"的美誉，而成都平原到了唐代才被正式称为"天府之国"，这比关中称"天府之国"大约晚了800多年。

关中平原

"秦川"是陕西关中平原的代称。关中平原指的是终南山北麓的渭河冲积平

原，因此又称渭河平原，它南倚秦岭，北界北山，西起宝鸡峡，东至潼关，东西长约 360 公里。由于古时候测量手段、计量标准等与今天有差异，所以古时人们测得的关中平原东西长为 400 公里，因此，关中平原自古有“八百里秦川”之称。自古以来，关中平原风调雨顺，土地肥沃，农业发达，既为秦国文明的兴起奠定了强大基础，也是黄河流域华夏文明的发祥地。中国历代帝王设坛（如北京社稷坛）祭祀的五谷神后稷就生于渭水中部的漆水河畔。后稷成人后在这里教民稼穑，开启了中国农耕文明。

《诗经·小雅·信南山》：

信彼南山，维禹甸之。

畇畇原隰，曾孙田之。

我疆我理，南东其亩。

上天同云。雨雪雰雰，

益之以霢霂。既优既渥，

既沾既足。生我百谷。

这是对南山秦岭的农业经济的赞美。

甲骨文中有桑、蚕、丝、帛等字，并有殷王武丁派人督察养蚕事业和祭祀蚕神的记载，考古发掘中时有殷代精致丝织残片出土，说明了殷人重视桑蚕生产并达到较高的水平。西周蚕桑生产有进一步的发展。《诗经》多处有桑树种植的记载，涉及今山西、山东、河南、陕西等地。当时不仅广泛在宅旁和园圃中种桑，而且还有大面积的桑田。《诗·豳风·七月》载：“蚕月条桑，取彼斧斨，以伐远扬，猗彼女桑。”讲的是桑树整枝。当时已有一种矮小的桑树——“女桑”，表示培育桑树的技术达到一定水平。

在西周，农作物的种类亦比商代增多。粮食类有稻、麦、黍、稷、粟、粱、菽等。这些粮食名在《诗经》里亦有反映，如“硕鼠硕鼠，无食我黍”“硕鼠硕鼠，无食我麦”“黄鸟黄鸟，无集于谷”“黄鸟黄鸟，无集于桑，无啄我粱”“黍稷稻粱，农夫之庆”等。西周的农业产量大概已经不算低了。《诗经·小雅·甫田》说“曾孙之稼，如茨如梁。曾孙之庾，如坻如京。乃求千斯仓，乃求万斯箱”，显然，只有在农业生产比较发达的情况下，才能使奴隶主的仓库粮食堆积如山。

（三）农耕技术

在甲骨文中，农字从林从森，周金文中，农字从田。农字结构的这种变化，形象地表现了刀耕农业与锄耕农业生产技术的区别。从已发掘的武功郑家坡、长武碾子坡诸先周遗址看，当时农业生产的基本材质仍以木石为主。然而当时农业能独以周人知名，就是在于他们能借助关中宜于农耕的地理优势，执农不弃，不断积累与提高农业生产技术，将农艺措施运用于生产过程，结束了漫长、粗放原始的农业自然生产状态，把我国农业推进到一个新的发展时期，使我国历史以后稷为标志而进入农业社会，周族也就以经营农业而迅速发展，著称于世。

在周人文献中，《尚书·梓村》云：“若稽田，既勤敷菑，惟其陈修，为厥疆畎”。《诗》曰：“或耘或耔，黍稷薿薿”“其镈斯赵，以薅荼蓼。荼蓼朽止，黍稷茂止”“我疆我理，南东其亩”，都是说种田，就得除草，修治、疆理其田界沟洫。

《史记·周本纪》中关于周祖后稷的记载略带神话色彩，他“好种树麻菽”，对农业生产活动有着特殊的感情，乃至“勤百谷而山死”。古时农业的生产增长率大于畜牧业，农业生产也孕育着较高的社会文明。后稷开创的事业，奠定了周人迅速崛起的基础。后稷不断摸索积累生产经验，提出了相地之宜的技术原则，比较注重整地、择种、除草等技术措施，使农业生产逐步地脱离了原始状态。

我国原始农业发展到半坡、河姆渡时期，已以粟、稻为标志，初现北南之不同特征。起源皆可上推至万年以前，伯仲难论。不过自新石器以来，北方旱作农业突飞猛进，发展的规模、速度和技术水平一直处于领先地位。虞夏时期，稻作尚未归诸农官，而由虞官负责，属于山泽利用范畴。周弃特以稷名，主司百谷，实际上反映了周人在旱耕农业方面的巨大成就。周人长期经营的有邰、北豳、豳、岐阳等地，大致都属泾渭及其支流的黄土台原地区。他们结合地域特征，与历史早期人类改造、利用自然的能力相适应，充分利用黄土所具的疏松易垦、自然肥效等特性，形成了以黍稷为主的旱农经营特色，发展了最初的旱农耕作技术。这一技术体系，奠定了关中乃至黄河流域在中华民族发展史上的重要地位；这一技术体系，作为我国传统农业的有机组成部分，历经周秦汉唐，不断发展完善，宋元以后方为日益发展的稻作农业所超越。

周原遗址

周原，作为早周都邑所在，留下了许多建筑作坊遗址。周人在豳地的活动过程中，因地制宜，逐渐完成了农牧结构的合理配置，实乃先周农业的一个重要发展时期。碾子坡先周遗址中，出土石器、铜器、骨（角）器和陶器数量甚多，其中属于生产上使用的各种工具，计有斧、锛、凿、锤、棒、铲、刀、锥以及不同形状的各类磨石等。随着先周农业的发展，和生产相关的天文历法问题受到人们重视。其中有关农业的部分，后世发展为月令体农书，非常适应农业生产的需求。《史记·历书》曰，“幽、厉之后，周室微，陪臣执政，史不记时，君不告朔”，告朔制度看来确是非常古老的东西了。

先周地宜理论的丰富内涵。历史上，夏禹虽曹行相地宜，随山浚川，但其目的在于区划九州，得山川之便利。任土作贡将地宜理论用于农业实践的首推周祖后稷。他的地宜理论包含以下内容：一是选择与创造良好的宜农环境，“相地之宜，宜谷者稼穑焉”；二是加强对作物习性的认识与研究，使“粢稷黍禾蕖麦豆稻，各得其理”。这其中既有对自然环境的顺遂适应，又有对生产布局的调理安排，反映了对农业生产特点的深刻认识。周人早期的农业经验是在有邰取得的，类似的自然环境、地理条件对他们来说最为理想。他们比较注意宜农小景观的选择与改造，所以其北界虽曾远达甘肃庆阳一带，仍能坚持农耕，因地制宜发展生产。

先周农官体系的有效职能。周之先祖世为虞、夏农官，他们在长期的生产实践中，积累总结、推广了最初的农业生产技术和理论知识，成为农事之师。他们同时又是部落首领，是社会、经济活动的组织领导者。他们将丰富的农事经验运用于周族的迁徙卜居、相地之宜、农业生产。这种一身二任的农官体系，是先周部落能始终有效地和农业结合在一起的契机之一。先周时期的农业，开辟了我国传统农业的道路。周人以上农业成就，不可能产生在经营极其粗放的原始农业时期。它标志着我国农业由此渐进到一个全新的历史阶段。以后西周王朝的农业是后稷所开创的先周农业的赓续，并以此为基点，不断发展其固有的生产结构、管理体制、技术措施，使传统农业的若干基本特征至西周时期大致都已具备，初奠了我国传统农业的基础。

周人讲究耨耘技术，并懂得把耨除的荼蓼等野草用作绿肥。《诗经·周颂·良耜》说，“其镈斯赵（锐利），以薅荼蓼。荼蓼朽止，黍稷茂止”，说明人们将去除的杂草用来作绿肥，使黍稷长得更加茂盛。在植物栽培实践中，认识到种子的增产作用，并选育了一些优良品种。《诗经》里提及的“嘉种”，有“秬”（黑黍）、“秠”（一浮二米的黑黍）、“穈”（赤粱粟）、“芑”（白粱粟）；黍、稷还有“重”（后熟）、“禾谬”（先熟）的品种；菽、麦还有“稙”（早种）和“穉”（晚种）等品种。周人重视各类作物的播种时间，对播种方法也有讲究。《诗经·大雅·生民》说，“禾役穟穟”，这是指禾苗能整齐地成行茂长，可能是采取匀苗或条播的结果。可见，对播种方式也有讲究。除此之外，对病虫害也能采取一定的防治措施，如进行诱杀等。《诗经·小雅·大田》谈到，“去其螟螣，及其蟊贼，无害我田樨。田祖有神，秉畀炎火。”螣即蝗虫，是危害农作物最甚的害虫。由此可以看到，早在两三千年前，我国劳动人民就已采取用火诱杀害虫的方法了。

（四）水利建设

陕西古代农田水利事业相当发达，在中国农田水利史上占有十分重要的地位。农田水利之始，大约可以追溯到先稷时期与后稷同时的夏禹决江疏河，致力于农田水利建设事业，并且田彼南山，导引沣水，使之东流。周祖后稷列封疆，画畔界，辨水土之所宜。后稷之侄，名曰叔均，他建议置旱神于赤水以北，除水道通沟渎，以避旱灾，第一次将水利措施与农业生产联系在了一起。终南山诸峪所出渭水各支流，周人立都丰镐，行井田制度，要求十分规正地划定田界，注意界向日照，疏导积水散流，使田块呈现出南北纵横，错落有致的自然景观。地有坡度则梯而种之。《祀胜之书》令水道相直或相错，说明田块彼此不等高，田水方能由高向低流动。至于“诸山陵近邑高危倾阪及丘城上，皆可为区田”，实行穴灌。《诗·小雅·黍苗》曰：“原隰既平，泉流既清”。土治日平，水治日清，田土疆理之最高境地，即当若是。”

周秦时已用稻田灌溉，然而大型引渭灌溉工程兴起于汉武帝时期。渭北的成国渠，在郿县引渭，过漆水河，东北至上林入蒙笼渠，三国时卫臻扩建，上引汧水，东至泾渭交汇处，这就是现在渭惠渠的前身。渭南的漕渠，从长安引渭水经华县，华阴到潼关跟黄河合。漕渠主要用于漕运，但亦有灌溉之利。周人艺稻，诗中有“滮池北流，浸彼稻田”“王事靡盬，不能艺稻粱”的记载。

西周关中地区既有排除湿地积水的沟之制，亦有蓄水引灌的小型工程。《诗经小雅·白桦》中所言的滮池灌溉工程，应是我国见诸文字记载的第一个农田水利工程。战国末期，秦修郑国渠，陕西始有大型引河凿渠灌溉工程。汉魏间，陕西水利建设形成高潮，关中四大水系（泾、渭、洛、济）全都用诸农田水利，关中水利网初现雏形，后世渠系基本缘此。陕南有山河堰之兴筑，成为长江中下游农田水利开发较早的地区之一。陕北等“引河及川谷以溉田”，亦有小型灌溉之利。秦人入据关中，开始居于岐西。自厉公起，始在频阳、栎阳设县，灵公移居泾阳，献公徙都栎阳。着力于关中东部渭北旱原的农业经营的商鞅主张通过对三晋之民进行移民，通过土地分配等优惠政策，鼓励他们从事农耕事业。与此同时通过开挖郑国渠，扩大灌溉农田面积，以达到富国强兵的目的。

郑国渠遗址

汉武帝元鼎六年，左内史倪宽主持兴修六辅渠，“以益溉郑国傍高仰之田”。可能的情况是，六辅渠是以郑国渠以北的冶峪、清峪、浊峪等几条小河为水源的。武帝太始二年赵中大夫白公建议，“穿渠引泾水，首起谷口，尾入栎阳，注渭中，袤二百里，溉田四千五百余顷”。白渠位于郑国之南，是一个灌区的南北两条干渠，此后遂郑白齐名，谓之郑白渠。东汉光和五年，京兆尹樊陵在泾水下游阳陵县筑樊惠渠。该渠树柱累石，委薪积土，在泾水中修有坚固的分水堰。在引水渠中出现沉沙池类设施，整个工程布局紧凑、配套完整、效果显著，是东汉时期小型农田灌溉工程的一个典型。

到隋唐，特别是唐朝，政治、经济力量空前强大，政局稳定的时间也较长，为关中水利的复兴和扩建创造了条件。同时，由于唐都长安人口急剧增加，大大超过了汉都长安，唐长安的缺粮问题也比汉朝严重。唐高宗、武则天和唐玄宗在位期间，因为京师缺粮，都不止一次地带着大批官吏、军队，就食东都洛阳。因此，对唐政府来说，迫切地期望增加关中粮食的产量。在唐政府的推动下，唐时的关中与西汉一样，形成了又一次修建水利的高潮。唐太宗贞观年间（公元627—649年），征调九州夫匠，修治成国渠的渠道；武则天圣历年间（公元698—700年），引武安水以增加成国渠的水源；唐代宗大历六年（公元771年）和唐懿宗咸通十三年（公元872年），两次大修六门堰，增引韦川、莫谷、香谷等水，进一步丰富了成国渠的水量。成国渠经过这样一系列的改造，可溉武功、兴平、咸阳、高陵等县农田，溉田面积大大超过了郑白渠。唐后期，成国渠更名为渭白渠。

宋、元、明、清四代，在我国东部建都，关中的政治地位下降，政府不像汉、唐两代那样大力建设这里的水利，再加上泥沙的淤积越来越严重，关中水浇地的面积在逐渐缩小。在宋朝，集中建设三白渠。改建了三白渠的渠首，三白渠的溉田面积大幅度增加。元、明两代，由于泾水继续刷深河床和泥沙继续淤高渠底，引水渠口只好继续一再上移。宋朝的丰利渠，在元、明两代分别称为王御史渠和广惠渠。无论王御史渠还是广惠渠，溉田面积都不大。在明代，除引泾工程外，也多少注意到引渭工程的修建，特别是明宪宗成化年间（公元 1465—1487 年）所开的通济渠。这条灌渠西自宝鸡，东至武功，长 105 公里，还有南北走向的四条支渠，实际上通济渠是对汉、唐时成国渠的部分修复。到清朝，关中水利发生了重大的变化。由于泾水、渭水、洛水等含沙量都很高，以这些河流作为水源的灌区，沙害越积越重。又由于这些水道的河床不断下切，灌渠引水的难度也与日俱增。人们只好逐步放弃引泾、引渭、引洛等大型水利工程，而致力于开辟新水源的工作。在渭北，开发出大批泉水；在渭南，也凿引一批山溪溉田。到近代，由于人们能够建造坚固的混凝土拦河大坝，可以安全地将河水水位提得很高，从泾、渭、洛等河引水入渠，不再成为问题。又由于处理沙害的水平也大大提高，掌握了一整套沉沙、排沙技术。于是从 21 世纪 30 年代开始，在著名的水利专家李仪祉先生主持下，在关中首先兴建中国最早的新式农田灌溉工程泾惠、洛惠、渭惠三渠。中华人民共和国成立之后，除完成李氏未竟之功外，接着又按较高的标准改建三大惠渠。同时，新建了宝鸡峡、冯家山、石头河、交口抽渭等大大小小的水利工程，增打机电井 1.3 万眼，灌区 80% 以上的面积实现了渠井双灌化，成为能灌能排、灌排结合、渠井结合的“双保险”灌区，进而发展成为陕西省粮、棉、油、肉、蛋、奶和果、菜的重要生产基地。

纵观关中地区水利发展，与环境和气候的变迁息息相关。水利开发由农田排水到引水灌溉再到水害治理最后又到以引水灌溉为主的水利工程。

四塞为固

终南山地形险阻，道路崎岖，大谷有五，小谷过百，连绵数百里。《左传》称终南山是“九州之险”。终南山为京城长安的门户，地理位置十分险要，其险峻的山势着实是拱卫京师的天然屏障，所以中国古代十三个封建王朝都建都于关中，多少都有依托终南山为军事要塞而控制天下的意味。终南山山势巍峨，易守难攻，自古至今都是军事要地。

（一）政治中心的形成

许倬云先生的《西周史》、唐晓峰先生的《从混沌到有序》等著作皆认为华夏国家的形成，是在西周时代。2600年前，孔子《论语》中的“郁郁乎文哉，吾从周”，对西周政治文化的崇高文明就进行了高度礼赞。华夏国家建都“关中”，与秦岭的地理形势密不可分。周秦两朝从秦岭之西起家，在秦岭之东鏖战，最后在秦岭之中建都。离开五岳之中而选择秦岭之中建都，是华夏国家政治中心的巨大变迁和深刻事件。

终南山关中之国较之嵩山中原之国都有很大的合理性与优越性。这种合理性与优越性体现在关中之“关”上，体现在关中之易守难攻的地理性质。周秦两朝的都城选择，离开了中岳嵩山区域，而落实于终南山，这至少有以下几个解释：其一，周秦从终南山出发，征战于终南山东侧，对终南山中段有深刻真切的体认经验；其二，嵩山虽为中岳，但南北两岳（衡山与恒山）存在相当的飘移性；其三，夏商定都中岳，相继灭亡，促使周秦改变策略；其四，关中位居渭河平原，直通黄河中原。关中之“关”，是易守难攻的代名词，而“中”又符合华夏国家的立都传统。从周朝建都于关中开始，华夏国家的政治中心在终南山北麓荣耀了1000多年。

终南山有优越的自然条件，这里的土地养育了诸多先民。进入阶级社会以后，这里成为统治者施政的首选之地。长久以来，这一地区成为中国古代帝王活动的政治中心，这一现象可以上溯至上古传说时代。传说时期的炎帝、黄帝、伏羲、女娲等中华民族的先祖们就在终南山北麓长期活动，后世对他们的祭祀、纪念活动历经数千年而不衰。周人始祖后稷及其后裔长期生活在终南山北麓渭河支流清姜河畔，虽曾一度移居豳地，最终在终南山北麓渭河支流沣河下游建立都城，史称西周。这是西安建都之始。西周从文王到幽王，共13王（前1097—前771年），主要活动在以“丰镐”为中心的古长安地区。

秦国与周朝一样，皆兴起于西秦岭关陇环境。两者的差别是，早期秦人更多活动于关中西南的渭水河畔，早期周人更多活动于关中西北的泾河两岸。就此而言，秦岭之于秦人的关系要更为紧密与根本。周人给南山留下了无限优美的《诗经》。秦人给自己的秦岭，的确没有留下什么“诗歌”。这种区别很容易理解：其一，周人与自己的政治对手相比，虽然弱小，但却历史悠久（“周虽旧邦，其命维新”），面对的也只是一个殷商。秦人却不是，立国既短，政治对手又是六个大国——所谓的战国六雄吧。即便秦人对秦岭有着怎样的深情，政治年代的有限时空，也没有给秦岭留下深切的诗篇。

与“秦人”相比，“秦地”更是一个不断变化拓展、内涵复杂的历史地理概念。大体上，“秦地”有三个维度。其一，秦朝建立，嬴政认为自己“德兼三皇，功过五帝”，于是以皇帝相称，此时东至渤海，南到五岭，普天之下，莫非“秦地”。秦地即“天下”的涵义，时间幅度上为二世十五年。其二，从周孝王把今天水一带作为秦的封地给予非子开始，中经秦庄公被封为“西陲大夫”，到秦文公迁都之汧渭之会，这是秦的艰难创业期，在某种程度上“秦地即陇土”或“秦地即戎土”，历时约80年。“秦地即陕西”，相比于“秦地即天下”和“秦地即陇土”而言，更为基本、稳定与根本。以至于秦亡之后，项羽三分秦地（相当于陕西）而有关中的三秦概念；以至于2000年后，陕西省今日简称做“秦”；以至于班固《西都赋》将横亘陕西的巨大南山，称之为秦岭。因有秦人而有秦地；因有秦地而有定都于咸阳的帝国秦王朝；因有威赫天下的帝国秦王朝，而有南山被名之曰秦岭。秦朝早逝，秦岭逶迤；秦人缥缈，秦岭高矗。

秦国与秦岭的史诗故事可分为三个阶段与乐章：第一，陇南阶段，即《史记·秦本纪》“在西戎，保西陲”时期。甘肃省陇南礼县的秦公大墓遗址，对此完全证实。第二，陈仓阶段，即《史记·秦本纪》“主马于汧、渭之间，马大蕃息”时期。这期间的政治地理轨迹，秦人几乎重新复制了一次周朝的成功。第三，咸阳阶段，即“秦王扫六合，虎视何雄哉”时期。这是秦国与秦岭史诗故事的最后阶段，也是最高阶段；荣耀的霸业与残酷的暴力同存，欢乐颂与送魂曲共奏。就前一方面看，出兵秦蜀古道统一西南巴蜀，出兵秦楚古道统一东南吴越。秦始皇出入秦驰道与秦岭商山武关，五番御游天下，可谓荣耀至极、威风至极、尊贵至极！还有阿房宫的阁道——修到秦岭南山。就后一方面看，商山武关道本是秦征服楚国之路，却成了刘邦入关占领咸阳之路。商州本是商鞅的封地，却成了商鞅的葬地。来骊山的陈胜吴广，本是修筑骊山秦墓的役夫，却成了毁灭秦都咸阳的勇士。秦国与秦岭的史诗故事，富于无比的传奇性与悲剧色彩！

隋上承北周，经炀帝，至恭帝禅让李渊，隋朝灭亡。唐朝（618—907 年）是中国封建社会的鼎盛王朝，618 年由李渊建立，定都长安（今西安）。627 年，李世民登基后，开创了“贞观之治”。唐高宗以后武则天以周代唐，史称武周，705 年“神龙革命”后恢复大唐国号。李隆基即位后，是为唐玄宗，在位期间，政治清明，经济发达，军事强大，四夷宾服，万邦来朝，开创了全盛的“开元盛世”。907 年朱温篡唐，唐朝灭亡。

大明宫含元殿

隋唐两代的帝王们，其政治活动都以秦岭北麓的都城长安为中心，并多次亲临秦岭。他们在秦岭山中或小居，或长住，或施政，使秦岭蒙上一层政治色彩。如秦岭山中的行宫太和宫（翠微宫），秦岭北侧的骊山温泉宫——华清宫，就扮演了上述角色。当然，隋唐帝王们也常常到秦岭进行宗教活动。唐代以后，正统王朝远离了秦岭，但黄巢、李自成领导的农民起义又在秦岭北麓的长安建都，即使他们败退出长安后，也选择秦岭山区为基地，继续进行军事斗争。

在和平年代对战争岁月的回忆，对李世民来说，是深沉、顽强与无限的。李世民不仅“抚辔”且有《吟饮马》，有昭陵六骏的世界传奇，秦岭也就有了《冬狩》这种战争与和平双融的秦王吟。秦岭，作为关中的山河象征，也是长安帝京的永恒背景。李世民《帝京篇》里的秦岭，就正吹拂着这种秦王御风。由于战争与和平的双重身份，秦王对秦岭之美的吟咏也是双重性的：“孤屿含霜白”与“遥山带日红”。用李世民《赋得李》的总结即是：“暂顾晖章侧，还眺灵山林。”到了“晖章侧”的暮年残岁，还能把秦岭视做“灵山”，足见唐太宗李世民的伟大卓越，也足见秦王与秦岭之间的默契与胜缘。李世民作为千年明君，生于渭水河畔的武功别馆，逝于秦岭南山的翠微寺。秦王与秦岭的殊胜因缘，似有定数于天。

在《帝京篇》之一，秦王李世民以“秦川雄帝宅，函谷壮皇居”，从总体上描写了秦岭之于长安的雄壮与自然美感。在《帝京篇》之五，又以“桥形通汉上，峰势接云危”，具体表达了峰云相接、云横秦岭的壮丽气象。在《经破薛举战地》还写了秦岭的“浪霞穿水净，峰雾抱莲昏”，细腻而深情，清新而壮丽。除了对秦岭山水的诸多咏叹赞美外，秦王还有一首以秦岭命名的《望终南山》。南朝吴均在《与朱元思书》写道：“鸢飞戾天者，望峰息心，经论世务者，窥谷忘返。”这异常贴切地总结了山水对于人的心灵的熏陶和审美影响。秦王李世民生于秦岭脚下，又作《望终南山》歌咏秦岭，秦岭对秦王的影响可谓深远，秦王对秦岭的崇敬深沉而真挚。

（二）政治军事地位的衰弱

在某种程度上，盛唐乃是华夏文明的顶峰、绝唱与终结，也是秦岭人文地理辉煌时期的挽歌。骊山晚照有一种超越象征意义的历史深沉启迪。

西周末代君主周幽王在位时，各种社会矛盾急剧尖锐化，政局不稳，地震、旱灾屡次发生。幽王变本加厉地加重剥削贫苦民众，任用贪财好利善于逢迎的虢石父主持朝政，引起国人怨愤。周幽王为博取褒姒一笑，出重金下令群臣献计，虢石父献上了烽火戏诸侯的计策。大臣郑伯友劝阻，周幽王不听，在骊山上点起烽火。临近的诸侯看到烽火台上起了狼烟，以为犬戎进犯，赶快带领兵马来救。不料赶到时，只听到山上一阵阵奏乐和唱歌的声音。幽王烽火戏诸侯果然博得褒姒一笑，但也失信于诸侯。后来周幽王听到犬戎进攻镐京的消息，惊慌失措，连忙下令把骊山的烽火点起来。烽火倒是燃起来了，可是诸侯因为上次上了当，谁也不来理会他们。公元前 772 年，申侯联合缯国和犬戎举兵攻打西周，各地诸侯拒不救援，幽王惨败，带着褒姒、伯服等人和王室珍宝逃至骊山，后被杀。犬戎攻破镐京，西周遂亡。史称“烽火一笑失天下”。

秦始皇陵是中国第一座皇家陵园，在中国近百座帝王陵墓中，以其规模宏大、埋藏丰富著称于世。它南依层峦叠嶂、山林葱郁的骊山，北临逶迤曲转、似银蛇横卧的渭水。高大的墓冢在巍巍峰峦环抱之中，与骊山浑然一体，景色优美，环境独秀。有人赞誉说：古埃及金字塔是世界上最大的地上王陵，中国的秦始皇帝陵就是世界上最大的地下皇陵。“秦王扫六合，虎视何雄哉”“刑徒七十万，起土骊山隈”，这脍炙人口的诗句出自大诗人李白笔下，它既讴歌了秦始皇的辉煌业绩，也描述了建造骊山陵墓工程的浩大气势。秦始皇 13 岁亲政，陵园营建工程也就随之开始了。丞相李斯为陵墓的设计者，大将军章邯负责监工。到公元前 208 年完工，历时 38 年，时间比埃及胡夫金字塔还要长 8 年。前后共征集了 72 万人力，动用修陵人数最多时近 80 万，几乎相当于修建胡夫金字塔人数的 8 倍。秦始皇陵建在骊山，也是这位“横扫六合，虎视何雄”的千古一帝的“骊山晚照烽火台”：毁掉秦始皇骊山陵墓和江川的，是项羽的心中怒火和手中烽火。

盛唐之后，国力式微，华夏黯淡；骊山晚照，在文明的记忆和体味中，却是李商隐的“夕阳无限好，只是近黄昏”。骊山为关中著名的风景游览胜地，因系西周时骊戎国地，故名。骊山是秦岭山脉的一个支脉，东西横亘 25 公里，南北宽约 13.7 公里，海拔 1302 米。自然景观秀美，文物景点驰名中外。远在上古时期，传说这里曾是女娲“炼石补天”之处；西周时，周幽王在此烽火戏诸侯；唐朝时，唐玄宗、杨贵妃在此演绎了一出凄美的爱情故事。山下华清池内有玄宗和贵妃洗浴池遗址。稍远处有秦始皇陵墓、秦兵马俑坑。1936 年 12 月 12 日，震惊中外的西安事变就发生在骊山脚下。

华清池位于西安东约 30 公里的临潼骊山脚下北麓，是中国著名的温泉胜地。周、秦、汉、隋、唐等历代帝王都在这里修建过行宫别苑，以资游幸。冬天利用温泉水在墙内循环制成暖气，每当雪花飘舞时，到了这里便落雪为霜，故名飞霜殿。相传终南山历史地位的起伏变化与长安城盛衰的政治曲线同一起落，同时也受经济文化重心的倾斜与转移的影响明显。“长安是隋唐帝国政治、经济、军事的中枢，盛唐时代的长安也可以说是中国文化乃至当时东西方文化的汇聚之都。但安史之乱后，长安渐渐失去了其作为帝国政治、文化中心的重要地位，让位于沿黄河的开封及沿运河的南京、杭州。

（三）地理形势与军事

巍峨的秦岭造就了关中雄胜。关中四面环山，“山藏险隘”“四塞以为固”，关中的“四塞”犹以秦岭最为险要，成为关中优良的天然防线。在这“四塞”当中，东、南、西三塞均由秦岭山脉所成，在四周绵延起伏、层峦叠嶂的山脉之间，藏有许多雄关险隘。这些关隘皆为天险，均有“一夫当关，万夫莫敌”之效，成为关中易守难攻的门户。其要者有四处：东为潼关或函谷关，南为武关，西为散关，北为萧关。

四关位置图

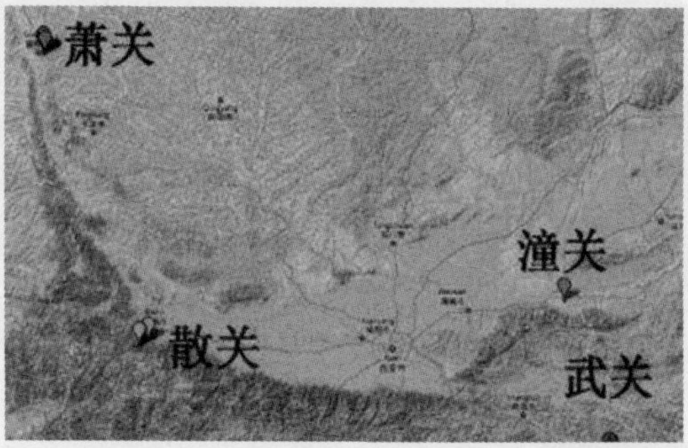

潼关地处陕西省关中平原东端，是山西、陕西、河南三省交界处。西面是陕西省华阴市，东面是河南省灵宝市，南面是秦岭与陕西的洛南县，北面是黄河、渭河。地势险要，地理位置也是绝佳的，素有“三秦锁钥”“四镇咽喉”之谓。潘岳《西征赋》：“溯黄卷以济潼也。历此出东崤，通谓之函谷关。邃岸天高，空谷幽深，涧道之峡，车不方轨，号曰天险。”

春秋时期，晋文公称霸中原时，曾在崤山至函谷的谷口设了一座关寨，名“桃林寨”，地址在今河南灵宝县西南。据《左传》记载，文公 13 年，晋侯使詹嘉处瑕守之，以防备秦国的侵扰。可见此地春秋时为晋国所有。战国时期七雄并立，秦国逐渐强大，它的地盘除据有泾渭流域外，东界直至今灵宝县境，潼关以东的桃林寨全为其所有。秦国为了防御东方各国的进攻，废弃原晋国所筑的桃林寨，在今灵宝县东北崤山下的函谷中建立了一座“函谷关”，作为扼守关中的东门户，由中原西进关中，此处为必经之道，因此函谷关便成了战国时期的战略要地。周慎靓王三年（公元前 318 年），楚、赵、韩、魏、燕五国伐秦，攻函谷关，秦出兵固守，五国之兵皆败走。西汉初年为了保证长安城的长治久安，曾置关都尉于函谷关守之。到了汉武帝元鼎三年（公元前 114 年），将函谷关城徙置于今河南新安县东，距洛阳市约六十里的古驿道中，东去旧关三百余里，名“新函谷关” 。

汉、隋、唐时期潼关是水陆交通的枢纽，有“关门扼九州”之势。潼关之险在于四道屏障。潼关南面有秦岭是其一屏障，有诗云：“百二秦峰亦壮哉，四时景色护崔嵬”。潼关的北面是渭水和洛水会黄河抱关而下，黄河紧切潼关城下流过，切断北犯来之兵。潼关关楼有副对联写到“华岳三峰凭槛立，黄河九曲抱关来。”但为了防止攻陷潼关又设置西峪关、潼谷关、水门关等众多小关，各小关均有军队把守。在众多关门中尤以东门最为雄伟，被誉为“雄关虎踞”。明人有诗云“西上秦川百二山，雄关虎踞控三藩”。潼关南面的秦岭峰峦起伏，苍翠清新，令人赏心悦目。每当雨雪前后，景象更为佳妙，峰峦中游云片片，若飘若定，似嵌似浮，来之突然，去之无踪。一会儿若龙腾跃，一会儿若马奔驰。有时如丝如缕，有时铺天盖地，或如高山戴帽，或如素带缠腰，或如绵团乱丝。千姿百态，变化无穷。迨旭日初露，锦幛乍开，五光十色，山为画，画为山，画山融为一体。淡文远写《秦岭云屏》的诗云：“屏峙青山翠色新，晴岚一带横斜曛。寻幽远出潼川上，几处烟村锁白云。”

潼关县

战国时代，历经商鞅变法的秦国，迅速崛起，“兵革大强，诸侯畏惧”，怀“席卷天下，并吞八荒”之志的秦人，锐不可挡，大力向四方拓展，一时呈现“强国请服，弱国入朝”之局面，其占据晋国西南隅今陕西商洛一带，形成秦楚接壤之势。秦国占据商洛后改位处该地的少习关为武关，寓含以武力守卫边疆或以武力讨伐东方诸国之意。秦统一全国后，为加强对各地的统治，大力营建道路，“东穷燕、齐，南极吴、楚”，其中武关道恰是“南极吴、楚”大道中的一段。作为秦时武关道的终点南阳郡，治所宛城（今河南省南阳市），其地理位置极为优越，南下可至南郡郡治江陵。由江陵顺江而下，达于吴、越；由江陵渡江南下，可至岭南诸郡。所以，武关道所联结的水陆干线，贯通半个中国。

唐朝时，武关道改名商山路，与秦汉鼎革、兵戈不息不同的是，唐朝社会相对承平，因而，和秦汉武关道战事频频迥异的是唐朝商山路却鲜少用兵，其作用主要在于政治、经济和文化的沟通与交流。特别是安史之乱后，汴水漕运常为东方割据势力所阻遏，江淮财赋无法顺利通过汴水、黄河、渭水达于长安，汉水、丹水和商山路遂之承担起了江南物资北运的繁重任务。正是“河运不通，漕挽由汉沔至商山，达京师。”白居易有诗也写道：“东道既不通，改辕遂南指。自秦穷楚越，浩荡五千里，”于是唐德宗时明令：“从上都至汴州为大路驿，从上都至荆南为次路驿”，表明商山路的重要性仅次于两都间的通道。盛唐时，长安与江淮间的交通往来，除大宗物资与笨重行李取道黄河、汴水漕运外，官民商旅往返于东川、黔中、岭南各地多利用商山路的捷径条件。江南名士至京师谋取功名富贵，长安名人骚客邀游江南，亦多由此道，其中张九龄四经此道，白居易“七年三往复”，元稹七经武关，韩愈贬官潮州及尔后返京均由商山路。唐人诗屡有道及：“商山名利路，夜亦有人行”“前程有名利，此路莫艰难”“或名诱其心，或利牵其身。乘者及负者，来去何云云”，于是商山路遂有“名利路”之称。

唐人王启有《武关赋》曰：“地势争雄，山形互对。西连蜀汉之险，北接崤函之塞。”清人顾祖禹也极道商州、武关之形胜，他说：“（商）州扼秦楚之交，据山川之险，道南阳而东方动，入蓝田而关右危。武关巨防，一举足而轻重分焉”，凡此都极其充分地揭示了武关“险阻天成”的险峻形胜和其突出的战略地位。武关的雄奇与魅力，也赢得了历代途经其地的文人墨客、名流贤达的驻足和垂青。他们在感慨之余，不禁写下了大量赞咏武关的诗词铭赋，其中不乏名篇佳作。唐代南贬的必经之道蓝田武关道，非常艰险。杜甫《舍弟观赴蓝田取妻子到江陵，喜寄三首》：“峣关险路今虚远，禹凿寒江正稳流。马度秦关雪正深，北来肌骨苦寒侵。”可见此路还多风雪。耿湋《送郭正字归邹上》也说“积雪商山道”。李逢吉《奉送李相公重镇襄阳》诗谓“冰雪背秦岭”。清人王肇基《过武关》诗曰：“山围水抱塞垣西，少习雄名两字题。上洛咽喉通去马，前秦锁钥度鸡鸣。”清人邹其镳《武关胜塞》诗曰：“东来胜地锁商颜，险阻天成夹道间”。清人顾栋高《咏武关险要》诗曰：“武关一掌闭秦中，襄郧江淮路不通”。

蓝关古道

同武关相近的蓝关在唐代诗歌中也是一个一再被提及的地方。蓝田武关至荆襄岭表的商山路，几乎是南贬赴任的必经之路，常有迁客流人络绎于此，为唐史上著名的流贬大道。唐代诗人中张九龄四经此道，白居易曾七度武关，韩愈贬官潮州及以后的返京，均取此道。元和十年，宰相武元衡被刺，白居易越职言事。早年得罪过的小人趁机诬陷，说白居易母亲因赏花而坠井，白居易写有《赏花》《新井》诸诗，对母亲不孝，有伤名教，遂贬为江州刺史；中书舍人王涯上书，认为白居易不宜治郡，于是追贬为江州司马。白居易此次赴任江州，便取此道，并沿途留下了大量的记行诗，见证了诗人此时仕途失意的感伤、愤慨之情。如《初出蓝田路作》：

停骖问前路，路在秋云里。
苍苍县南道，去途从此始。
绝顶忽上盘，众山皆下视。
下视千万峰，峰头如浪起。
朝经韩公坡，夕次蓝桥水。
浔阳近四千，始行七十里。
人烦马蹄跙，劳苦已如此。

此诗即于元和十年诗人初贬江州，路过终南山时所作。在这次江州的漫漫旅途中，怨愤难抑的谪迁意识，一直沉重地横亘于诗人的心头，因而这些沿途的写景记行之作，无不触景伤怀，流露出难以掩饰的惆怅与感伤。

将终南山意象的家国意义彰显得最淋漓尽致的还是大文豪韩愈的《左迁至蓝关示侄孙湘》。元和十四年（819年）韩愈因谏宪宗佞佛而被贬潮州。初贬行至终南山，韩愈悲歌当哭，激昂慷慨地向侄韩湘吟诵了《左迁至蓝关示侄孙湘》：

一封朝奏九重天，夕贬潮州路八千。
欲为圣明除弊事，肯将衰朽惜残年
云横秦岭家何在，雪拥蓝关马不前。
知汝远来应有意，好收吾骨瘴江边。

韩愈离开京城长安，行至终南山，这时回望长安，眼中只见终南山上层云横遮，京城被阻断在远处，心中一片迷茫，“家何在”有身家无寄的渺茫感，被逐于朝廷的失意感。“雪拥蓝关马不前”，大雪阻路，马难前行，字面上看好像是马不愿前行，实际正是人不愿前行的外化描写。诗人留恋长安，不忍离去，路上的雪拥马驻，正是人的内心意向的物态表现。分别本已伤感，韩愈还对侄孙托以后事，更增一层悲伤氛围。

大散关，亦称散关。因置关于大散岭而得名。大散岭是秦岭山脉在此段的专称。

这一带又是西周时期散国所在地，陈仓故道由此经过。大散关是关中西南唯一要塞，古来由巴蜀、汉中出入关中，必经此关，战略地位非常重要，是历代兵家看重和必争之地。公元前 206 年，汉王刘邦自汉中由故道出陈仓还定三秦。三国时期，曹操西征张鲁亦经由此地。据陈寿《三国志》记载：“（建兴六年）春，亮复出散关，围陈仓，曹真拒之。”

大散关因重要的战略地位，从古到今，又是文人墨客、达官贵人及普通老百姓游览之地。据传老子西游遇关令尹喜于散关，授《道德经》一卷。曹操的《秋胡行》二首之一有云：“晨上散关山，此道当何难！晨上散关山，此道当何难！牛顿不起，车堕谷间。坐磐石之上，弹五弦之琴。作清角韵，意中迷烦。歌以言志，晨上散关山。”初唐诗人王勃的《散关晨度》云：“关山凌旦开，石路无尘埃。白马高谭去，青牛真气来。重门临巨壑，连栋起崇隈。即今扬策度，非是弃繻回。”诗作描写了大散关的雄浑气势和壮丽景色。大散关形势险峻，历史悠久，古代多有兵戎之事。发思古之幽情，更是古人笔下一个重要的题材取向。清人乔光烈的《大散关》云：“秦地川原苍莽间，蜀人从此送残山。平时战伐今何在？落日秋风大散关。”

大散关

萧关道作为古今沟通和联结内地与西北乃至中亚、西亚的唯一交通大道，在政治、经济、军事和文化等方面都具有十分突出的地位和作用，萧关则设于该道最险要处，又位居抵御西北诸游牧民族侵扰的前沿地带，不仅是古代拱卫关中地区的重要关隘，而且还是古代中原王朝为抵御北部、西北部一带游牧民族内侵而循长城沿线建立的众多军事要塞中的一座，成为构成屏障中原王朝战略防御体系中的关键一环。在相当长的时期内，萧关同时发挥着这双重作用，所谓“襟带西凉，咽喉灵武”，战略地位至关重要。战事频仍，刀光剑影，成为萧关、萧关道的一大显著特点，“回中道路险，萧关烽堠多”，就恰切地揭示了这种情况。萧关是战国时期秦国设于西北边陲的重要关隘，控扼长安通往塞外及西北的交通孔道，旨在拱卫京师及关中地区。《史记》载：汉文帝 14 年（公元前 166 年），“匈奴单于十四万骑入朝那萧关，杀北地都尉卬”，此乃萧关见诸记载之始，《史记》也就成为最早记载萧关的历史文献。萧关地处著名的萧关古道上，贩夫走卒、文人骚客络绎不绝，又是历代兵争要地，人文、自然景观独具一方，从而触发了历代身莅其地的文人墨客的诗情，名篇佳作，代不鲜有，其中有些作品也为我们推断萧关故址提供了重要根据。

西汉存世诗《上之回》云：“回中道路险，萧关烽堠多。”作者之所以将回中道和萧关两个地理特色鲜明且不属同类的对象置于一诗中并加以对比性的描述，说明萧关必然靠近今陕西陇县、甘肃华亭县、平凉一带的回中道。唐朝诗人陶翰在《出萧关怀古》诗中写道：“驱马击长剑，行役至萧关……秦城亘宇宙，汉帝理旌旃”，反映了诗人自己出萧关沿萧关道西北行沿途看到了秦长城进而由此联想到昔日汉武帝征战匈奴的场景。诗中提到的秦长城在今固原县城北十里铺，从而排除了萧关在固原以北的可能性。明朝中叶著名平凉籍诗人赵时春在《弹筝峡》诗中写道：“筝峡唐时道，萧关汉代名。连山接玉塞，列戍控金城。形胜双流合，乾坤一壑平。凭高瞻斗柄，东北是神京。”该诗生动形象地描绘了萧关宏观的地理景致及其所处弹筝峡（即今三关口）一带微观具体的雄奇险峻的山水形胜。

佛心禅意

“一片白云遮不住，满山红叶尽为僧”，道出了终南山历史上佛寺、高僧数量冠甲诸山。终南山自古以来就是佛教丛林圣地，有“长安三千金世界，终南百万玉楼台”的称誉。秦岭山中的祥峪沟、沣峪口、太和峪、南五台、栗峪口、皂峪、谭峪、太平峪、高冠峪、紫阁峪、圭峰山及王顺山等形成众多寺院群，几乎是“无地不寺，无寺不奇”。终南山是佛教典籍记载的迦舍佛道场所在，时至今日迦舍佛的三会道场仍在终南山。有近百位高僧在终南山隐居。洋洋秦岭，巍巍终南，叠峰邃縠，绵延百里，山青水秀，幽静爽馨，博大深远，素有“天下修道、终南为冠”之称。

（一）地理环境与佛教

终南山可谓佛寺的摇篮，佛教自从西汉末年传入中国之后，终南山便开始建立佛寺。唐代，佛教盛行于天下，帝都长安成为佛教的弘传中心之一，终南山因其种种优越的条件，成为佛教各宗的兴源地和众多高僧大德修佛参禅之处。在千沟万壑的秦岭北麓，南五台被世人称为终南神秀。《关中通志》记载：“今南山神秀之区，惟长安南五台为最。”李世民的《望终南山》：“重峦俯渭水，碧嶂插遥天。出经扶岭日，入翠贮岩烟。叠松朝若夜，复岫阙疑全。对此恬千虑，无劳访九仙。”祖咏的《望终南余雪》：“终南阴岭秀，积雪浮云端。林表明雾色，城中增暮寒。”这些诗歌描写了终南山自然环境的幽静与不凡的气势，正好迎合了唐代佛教的盛行和宗派创立的需要。

史载自秦汉以来，南五台就是帝王巡游、佛道修行、百姓朝山进香的圣地。由于十六国时期前秦、后秦政权的大力弘扬，这一地区佛教根基深厚。整个南北朝时期，关中佛教一直保持着兴旺发展的势头，直到北周，仅寺院一项，长安城内可查的就有丞相宇文泰所建的追远寺、大乘寺、魏国寺、安定寺、中兴寺、天宝寺等，周明帝建造的有天官寺、太后寺、婆迦寺、崇华寺、大陟岵寺、归圣寺等。北周在长安城内建造如此之多的寺院，是前代所没有的。隋唐时期，随着佛教的兴盛，终南山就被赋予了更多的宗教文化内涵。南五台正是当时这个地区佛教的中心，隋文帝、唐太宗都曾率众登临。到了近代，印光大师住南五台圆光寺，为净土宗十三代祖师。道安、善导、觉朗、来果、海灯法师，都曾来此修行。有“一片白云遮不住，满山红叶尽是僧”之说。中国佛教的宗派，八宗之内有六宗祖庭或是中心寺院都在终南山里。这些佛塔寺院形成了规模宏大的宗教景观。终南山由西至东以圭峰山、青华山、小五台、南五台、翠华山、嘉午台、太兴山等名山为坐标，形成了星罗棋布的寺院群。

长安不仅佛学研究发达，佛教活动也很兴盛。《秦京杂记》记载了当时长安的佛教盛况，“京城五寺有佛牙，右街总持寺，左街安国寺、崇圣寺、荐福寺、瑞圣寺。次第设斋，多至半月至七、八日，皆遣使赐香，都人大集”，佛教寺庙遍布全市，“今两京城内，寺宇相望”。温庭筠在《长安寺》一诗中，也描述了长安佛寺密集、香火旺盛的景况：“仁祠写露宫，长安佳气浓。烟树含葱蒨，金刹映蘴茸。绣户香焚象，珠网玉盘龙。宝题斜翡翠，天井倒芙蓉。幡长回远吹，窗虚含晓风。”长安有些佛寺香火极盛，因此，佛寺建筑也富丽堂皇，如总持寺内，“复殿重廊，连甍比栋，幽房秘宇，窈窕疏通，密竹翠松，垂阴擢秀，行而迷道”，时人称之“天下梵宫，高明寡匹”。佛教的发达，使得一些高僧大德集于长安，“好进梵文沾帝泽”，促进了佛教的进一步传播。

（二）佛教的祖庭

佛教自从传入中国后，在唐代得到了广泛的传播，由于社会的稳定，再加上统治者的大力扶持，高僧大德的涌现，推动了唐代佛教的快速发展。唐代，由于统治的需要，道教被尊为国教，受到了统治者的推崇，但开明的文化氛围，并没有抑制佛教的发展，加上统治者的大力倡导，特别是武则天对佛教的态度，使得佛教在唐代有了很好的发展。唐代也是佛教发展的全盛时期，宗派众多，高僧云集，寺院遍布全国各地，在统治者的提倡下，举国上下都对佛教充满了热情。

终南山北麓东起蓝田（净土宗祖庭悟真寺）、西到户县（三论宗祖庭草堂寺），北起长安区少陵塬（华严宗祖庭华严寺，距西安市仅 15 公里），南到长安区天子峪（华严宗祖庭至相寺，距西安市不过 30 公里）的范围，此一区域东西之长约 60 公里，南北之距约 20 公里，面积大约为 1200 平方公里。这一区域，集中了中国汉传佛教八大宗派之中的五大宗派祖庭，如法相唯识宗的兴教寺，华严宗的至相寺、华严寺，律宗的净业寺、丰德寺，净土宗的香积寺、悟真寺，三论宗的草堂寺等，均坐落于终南山北麓。幽美的自然环境，增加了终南山佛教文化氛围。终南山地势雄巍，高峰环列，池湖星布，山光水影，风景优美。祖庭所分布的地理环境多姿多彩，有些寺院分布在平原，拥有“郊夕牛羊下，村归渔牧歌”的田园美景，有些寺院分布在山中，保留着“古木无人径，深山何处钟”的世外超脱。

三论宗堪称中国佛教的第一个宗派，该宗以研习古代印度高僧龙树、提婆师徒二人的《中论》《百论》和《十二门论》而得名。草堂寺始建于西晋，姚秦时称为“大寺”。弘始三年（401 年）至十三年（413 年），龟兹高僧鸠摩罗什应秦主姚兴之请，在逍遥园一大寺建立中国第一个国立译经场，译出经律论三藏经典部卷，诸经以大乘为主，间杂小乘，其中有《妙法莲华经》《中论》《百论》《十二门论》《大智度论》《观无量寿经》《禅法要》《禅要解》《菩萨戒本》《十诵律》等，关涉到天台宗、三论宗、净土宗、禅宗、律宗等，不少还成了创宗立说所依据的经典。鸠摩罗什所弘以性空学说为主，其高足僧肇被称为“解空第一”，在自己的撰述中阐明并确立了“诸法缘生性空”的三论宗义，成为罗什学说的正宗传人。后来，辽东僧朗传得此学，并至江东弘扬，至吉藏而正式确立三论宗大旨和仪轨。由于本宗依“三论”而立宗，推鸠摩罗什为本宗初祖，大寺也便成了该宗的祖庭。华严宗四祖澄观法师于此撰成《新译华严经后分经疏》卷，五祖宗密住此，教、禅双弘，飞锡法师于此，据《法华》而说“净土”，可见，这个三论宗的祖庭此时与华严宗、禅宗、净土宗也发生了密切的关系。

三论宗祖庭草堂寺创建于东晋末年，后秦国王姚兴崇尚佛教，于弘始三年（401 年）迎请龟兹高僧鸠摩罗什来长安，先住逍遥园（草堂寺昔为后秦姚兴逍遥园的一部分）、西明阁翻译佛典，后又到大寺（草堂寺前身）继续翻译。由于鸠摩罗什译经场以草苫盖顶，故得名为“草堂寺”。北魏孝文帝曾在鸠摩罗什所居旧堂建三级浮屠，访求罗什后裔。唐高祖李渊为郑州刺史时，曾于隋大业二年正月初八日为男世民目患莅寺求佛，蒙佛恩力，其患乃捐，敬造石碑像以酬圣愿。李世民即太宗位后，出于报恩，曾莅寺参拜佛祖，并以鸠摩罗什译经功绩之大，特题诗以赞颂：“秦

草堂寺

朝朗现圣人星，远表吾师德至灵。十万流沙来振锡，三千弟子共翻经。文含金玉知无朽，舌似兰荪尚有馨。堪叹逍遥园里事，空余明月草青青。”唐元和中敕修一次。穆宗长庆元年（821年），宗密禅师住持草堂寺，著疏传禅，大振宗风，改名栖禅寺，草堂得以中兴。宋乾德四年（966年）曾重修，更名为清凉建福院（有碑）。然草堂、栖禅之名仍相互为用。金章宗明昌癸丑（1193年）辩正大师增修讲所（有碑）。元太宗癸卯至丁未（1243—1247年），皇太子阔端曾四次令旨对草堂寺大加修葺（有碑），明洪武十六年（1332年）僧惠明建该寺为僧会司。清乾隆三十一年（1766年）寺僧寂法重修（有碑）。清雍正十二年（1794年），雍正皇帝敕封什公门人僧肇为“大智圆正圣僧禅师”，易寺名为“圣恩寺”（有碑），但知者甚少，故直至今日仍以草堂名寺。唐代诗人贾岛曾住草堂寺，留有诗歌《雪晴晚望》：“倚杖望晴雪，溪云几万重。樵人归白屋，寒日下危峰。野火烧冈草，断烟生石松。却回山寺路，闻打暮天钟。”这首诗是贾岛长安应举落第，与从弟释无可寄居草堂寺时所写，这首诗的诗题交代了晴雪和暮色这两种所写景物。首联点明主旨及背景，中间两联写雪中景色，尾联写诗人回山寺的有声画面。这首诗描绘了一幅寒寂的空山晚晴图。诗句淡笔色勒，意象清冷峭僻，空旷寂廖。

华严宗，以研究《华严经》而得名。当北周武帝灭法之时，长安僧人多避难终南。山中的至相寺，从一开始便是弘扬华严学的重镇。普安曾栖隐于终南山天子峪，同时又引静渊法师同止林野，后静渊法师于此置寺结徒，是为至相寺之始，后来由此而演成中国佛教的一大宗派。隋代，高僧智正曾至此从静渊研习《华严》。华严宗的初祖法顺、二祖智俨、三祖贤首国师法藏都曾在此研习、弘扬《华严经》义。华严四祖澄观、五祖宗密等，亦曾先后驻锡终南。至相寺实际上是华严宗的发祥地。

后人只是因为法顺寂后葬于樊川北之少陵原华严寺才称此为祖庭，而真正的祖庭应当是终南山中的至相寺。智俨居终南山时，甚至有新罗僧人义湘从其学，回国后为海东华严初祖。华严主要教理为法界缘起说。宇宙万法、有为无为、色心缘起时，互相依持，相即相入，圆融无碍，如因陀罗网，重重无尽；并用四法界、六相、十玄等法门，来阐明无尽缘起的意义。其理论有四法界、六相、十玄门等。

华严寺

华严宗祖庭华严寺建于唐太宗贞观年间（627—649 年），是长安城南著名风景区，这里既是春秋宴乐、夏日避暑的胜地，又是文人墨客驻足蛰隐之处，留下了大量的诗文咏诵。唐代诗人杜牧《望故园赋》中写道："余三思归兮，走杜陵之西道。岩曲天深，地平木栳。陇云秦树，风高霜早。周台汉园，斜阳暮草。"唐宣宗在《幸华严寺》中说道："云散晴山几万重，烟收春色更冲融。帐殿出空登碧汉，遐川俯望色蓝笼。林光入户低韶景，岭气通宵展霁风。今日追游何所似，莫惭汉武赏汾中。"说明了宣宗在位时的华严寺状况。宋名相寇准在《游华严寺》诗中说道："寺对南山积翠浓，水村鸥鹭下遥空。层楼望尽樊川景，恨不凭栏烟雨中。"说明了华严寺在宋代的情况。明嘉靖三十四年（1556 年）1 月 23 日午夜，发生了八级"关中大地震"，塔崩桥毁，建筑倾颓，使唐宋时期的地面古建筑几乎损毁殆尽，幸存者若凤毛麟角。据《陕西通志》记载，华严寺内主体建筑在这次地震中俱遭灭顶之灾，只有唐代杜顺大师塔和澄观大师塔得以幸存。清雍正十二年（1734 年），雍正皇帝下诏加封四祖澄观大师为"妙正真乘禅师"，此圣旨碑现在澄观大师塔前。清乾隆年间，发生了少陵原崩塌事件，仅存华严初祖杜顺大师塔与四祖澄观大师塔两座。1930 年，陕西大旱，朱子桥先生来陕赈灾，在瞻礼华严寺塔时，见到元代重修碑内有"修塔即降甘露"字句，便于塔前发愿"重修两塔祝愿普雨"。不日，即天降大雨，朱子桥遂与佛教界人士动工修塔，一时传为佳话。此次修缮，重修两塔，建殿三间，并在初祖杜顺、四祖澄观塔下小堂内分别石刻两祖遗影。2006 年，华严寺被国务院批准为全国重点文物保护单位，并进行了局部整修。2009 年，华严寺重建工作正式启动，重建工程预计 10 年左右完成。

唯识宗的祖庭是西安市雁塔区的大慈恩寺和长安区少陵塬畔的兴教寺，以弘扬法相唯识为宗旨，创始人为玄奘大师。唯识宗是阐扬印度大乘有宗法相唯识学的一个宗派。此宗主张世界上各种现象，不论是万事万物的“法”，还是现实世界的人类自“我”，都是“识”变现出来的，一切都不能离开“识”而独立存在。只有内识，而无外境，心外无独立的客观存在，一切唯识，万法唯识。大雁塔就是为了保存玄奘由印度带回的这些佛经，而于唐高宗李治永徽三年（公元 652 年）建造的。自唐以后，历代文人在慈恩寺题诗很多，北宋吕大防的《礼慈恩寺题诗》高度评价了玄奘西行求经的壮举，“玄奘译经垂千秋，慈恩古刹闻九州。雁塔巍然立大地，曲江陂头流饮酒”。此外，和科举相关的雁塔题名更多，最出名的要算是白居易了。他 27 岁一举中第，按捺不住喜悦的心情，写下了“慈恩塔下题名处，十七人中最少年”的诗句。又如另一位新科进士刘道：“紫毫粉壁题仙籍”，简直以为自己是天上的文曲星了。时至今日，在新建的大雁塔广场上刻有大量的石刻唐诗，这大概是对雁塔题名传统的保留吧！

律宗祖庭是长安区沣峪口内的净业寺，以研习《四分律》得名，实际创始人为道宣，在道宣之前有昙柯迦罗、法聪、道覆、慧光、道云、道洪、智首八代祖师，在道宣以后，依次传周秀、道恒、省躬、慧正等人。因实际创始人道宣常住终南山，所以该宗也叫南山宗。律宗的祖庭净业寺，位于终南山北麓沣峪口，《长安古刹提要》载；“律宗之净业寺，犹相宗之慈恩寺也。因道宣住终南山，又称为南山宗，今寺为各丛林之冠。”净业寺始建于隋末。唐初，道宣律师常住此寺，潜心研习弘扬律学。麟德二年，奉诏于此寺内创设戒坛授戒。因此寺地处南山，故道宣律师依《四分律》而创立的律宗亦称南山宗。道宣上人声名广播，门下弟子千百人。他在关中立戒坛，来此受戒者遍及南北。唐高宗对道宣非常器重，西明寺建成后，道宣奉诏入住，担任上座。律宗将所有戒律分为两种：一是止持戒，二是作持戒。止持戒是指防非止恶的诸戒，教人“诸恶莫作”，是“止诸恶门”。作持戒是指教人“众善奉行”的戒，是“修诸善门”。

律宗祖庭净业寺

律宗祖庭净业寺创建于隋开皇十年（590 年）。《全唐诗》卷五七三贾岛《净业寺与前鄠县李廓少府同宿》有这样的描写：“来从城上峰，京寺暮相逢。往往语复默，微微雨洒松。家贫初罢吏，年长畏闻蛩。前日犹拘束，披衣起晓钟。”净业寺位于今西安市西南 35 公里的沣峪口内，这里风景殊美，远离尘世之忧，是著名的终南古刹。净业寺因道宣在此弘宣律学，唐时极盛，后即陵夷。中隔七八百年，兴衰无考。据现存碑记所载，明正统二年（1547 年）住持云秀重修。天顺四年（1466 年）住持本泉重修。清嘉庆十八年（1813 年）住持际桂重修。道光十二年（1852 年）住持明川重修净业道场，并置田养寺，立有常住规约碑记。清末民初，寺宇荒残。1921 年以后，有闽僧智海住持该寺，在南洋募缘，修寺置田，供养戒德，并在东沟建茅蓬一十八处。道场之盛，名闻遐迩。智海和尚对律宗祖庭的复兴，数十年如一日，可谓功德无量。现在的净业寺，已规模一新，基本上成为一座完整的寺院。著名诗人白居易曾到访过净业寺，这里至今还保留有白居易的衣冠冢。

净土宗的祖庭是长安区神禾塬上的香积寺和蓝田县的悟真寺，以念诵阿弥陀佛名号、祈求往生西方净土而得名。先后对净土宗做出重大贡献的有东晋的惠远、北朝的昙鸾、隋代的道绰、唐代的善导等，其中善导贡献最大。善导之后还有承远、法照、少康等人。据《隆禅法师碑》载，唐永隆二年，净土宗的创始人善导和尚入寂，弟子怀恽为其崇灵塔于神禾塬，“其地前终（南山）峰之南镇，后帝城之北里”，环境清幽，寺宇雅致。对此，王维的《过香积寺》诗云“不知香积寺，数里入云峰。古木无人径，深山何处钟。泉声咽危石，日色冷青松。薄暮空潭曲，安禅制毒龙”，可以看出香积寺地处深山，树木茂密，在这里可以通过坐禅忘记烦恼，破除心中的妄念。寺院建成后，不仅成了净土宗祖师的塔院，而且成了弘扬净土宗的中心道场，怀恽、净业相继担任寺主，继续弘扬净土教义。由于善导正式创立了净土宗，香积寺也因此成为本宗的祖庭。善导还曾在终南山中由隋净业所创的悟真寺宣扬净土法门。

密宗，确切而言应为密乘，又名“金刚乘”“秘密教”“瑜伽密教”“真言乘”“持明藏”“总持藏”“陀罗尼藏”等，它的兴起源于印度教和佛教的互相借鉴和融合。它通过对佛教信徒的加持，只要境界达到了上师的境界，就可以修身成佛，与中国修道者成佛不同。公元六世纪密教开始在印度兴起，约于公元七世纪占据主流，是佛教在印度最后的表现形式，直到十二世纪衰落下去。密教活动开展的主要方向是“即身成佛”，重视关于持咒的方法、仪轨、作用等各种理论。中国的密宗是佛教八大宗派中开创最晚的一个，这与印度密教的发展有着密切的关系。密宗的祖师善无畏、金刚智、一行、不空、惠果等人，在佛教史上都有着非常重要的地位。这些高僧基本上都有在大兴善寺生活修行、译经传法的经历，对推动密宗的发展起到了决定性作用。

大兴善寺

密宗的祖庭大兴善寺初创于西晋，兴盛于隋唐。大兴善寺之所以成为中国汉传佛教密宗的祖庭，与密教大师不空的努力是分不开的。不空及其弟子长期驻锡于大兴善寺，奠定了大兴善寺至高无上的地位。唐代有很多诗人也为大兴善寺留下了著名诗篇。卢纶的《题兴善寺后池》：“隔窗栖白鹤，似与镜湖邻。月照何年树，花逢几遍人。岸莎青有路，苔径绿无尘。永愿容依止，僧中老此身。”崔涂的《题兴善寺隋松院与人期不至》：“青青伊涧松，移植在莲宫。藓色前朝雨，秋声半夜风。长闲应未得，暂赏亦难同。不及禅栖者，相看老此中。”不幸的是，唐总章二年（669年），大兴善寺遭遇火灾，寺院建筑化为乌有。火灾之后，大兴善寺旋即得到重建，唐武宗会昌年间排佛运动中，除了慈恩寺、荐福寺、西明寺和庄严寺，长安城的其余佛寺皆被废毁，大兴善寺自然难逃厄运，再次遭受灭顶之灾。后来由于变故，大兴善寺被毁，后来又经过了重建，但是一直都默默无闻。一直到明代，有一位德高望重的禅师在大兴善寺“鼎新梵刹”，才使大兴善寺为世人所熟知。明朝永乐年间，云峰禅师在寺里建造了阁楼和大殿，把这座千年古刹焕然一新。到了清朝，大兴善寺经历过三次比较大的整修。20 世纪 80 年代后，政府对大兴善寺进行修复和保护，让整个寺庙的面貌焕然一新，让寺庙的文物保护、弘扬佛法、佛学宣讲、建筑层次等水平得到全面提升。特别是注重密宗祖庭的恢复和发展，使大兴善寺的发展迈上了新台阶。

（三）佛教的理论贡献

永嘉丧乱，北部中国陷入五族纷争的局面。直到十六国时，前秦才先后灭前燕、北凉，统一了北方，定都长安。作为少数民族，苻秦要统治在文化、人口数量上都占优势的汉族，必须借助外族传入的宗教——佛教来巩固自己的政权，所以苻坚在统治关中期间，不遗余力地扶助佛教，并很快使之兴盛起来，使关中发展成为北方佛教重地。苻秦时关中佛法的兴盛，主要表现在两个方面：一是翻译了大量佛经；二是聚集了大批高僧。西晋时长安已有竺法护译经，及至苻坚立都长安，推崇佛教，聚集了一些通晓中土语音的西域僧人和素谙西域方音的汉僧在长安译经。在道安与秦臣赵正的主持下，长安迅速成长为北方的译经中心。

学术文化之外，长安在十六国直至隋唐时期，佛教也极为兴盛，成为全国佛教活动和研究的中心。唐代长安城内各寺藏有千卷之多的佛学著述，如佛经目录、佛教史事等。其时，佛教各个派别都在长安弘传佛法，著书立说。南山律宗创建人道宣就在长安青龙寺撰写了佛史著作《法苑珠林》100 卷。佛教史的学者都把隋、唐两代定为汉地佛教的“集大成”期，它不仅在民间广泛流布，而且得到朝廷的大力扶持。教义上形成各种宗派，寺院经济实体的制度更为完善，在政治上也显示出更大的影响力。隋文帝毕生致力于弘扬佛教，允许百姓自愿出家，一时度僧十余万，建寺二千七百余所。还组织写经造像、翻译经卷，在中央和地方政府设置僧官以管理寺院宗教事务。唐代的统治者也很重视佛教，唐太宗资助佛经翻译事业，为西行求法归来的高僧玄奘组织大规模的“译场”，下诏在全国“交兵之处”建佛寺以悼念阵亡将士。武则天出于政治上的需要，提倡儒、道、佛三教并尊，利用《大云经》为夺取政权制造舆论。诸如此类的政治因素，在客观上成为佛教大发展的一个主要的推动力量。唐代翻译佛经的质量和数量都超过前代，为了便于僧人学习、诵读和寺院收藏，还多次进行统一编目。此外，中国僧人阐述佛教教义的著作和历代高僧的传记也很多，都成为重要的佛典名著。较之上代，汉地佛教文化的内容大为丰富，哲学思想的体系更加完善成熟。

唐王朝对于宗教向来持比较宽容的态度，除本来就已盛行的佛、道两教之外，其他的外来宗教如景教、祆教、婆罗门教、伊斯兰教、摩尼教等也纷纷建立寺庙，流播于大唐境内。但另一方面，对宗教也并非放任自流，而是采取各种措施加强控制，严格管理，以消除不利于朝廷的负面影响，在经济方面尤其如此。新罗僧义湘入唐后，为求华严法，“乃径趋长安终南山，智俨三藏所，综习华严经”。除华严经外，其他宗派在终南山也有自己的领地，如道氤曾在青龙寺宣扬因明，“听者盈以千计”。

佛教东传无论是早期传自西域，还是以后直接来自印度，都存在一个将佛经译为汉文的问题。译经需要众多通晓各种语言文字的高僧大德进行合作，如义净在长安译经20部，就有众多高僧一同协助，“北印度沙门阿弥真那证梵文义，沙门破仑、复礼、慧表、智积等笔受证文，沙门法宝、法藏、德感、胜庄、神英、仁亮、大义、慈训等证义，成均太学助教许观监护，缮写进呈”。译经不仅将佛经以准确的汉语表达出来，使佛教教理得以传播，同时还培养出大批佛学研究大德。但是，译经活动又是旷日持久的，如玄奘译经长达19年。如此规模庞大且费时的译经活动，非政府支持不能持续，故译经也多设在都城，由政府资助。如姚兴在长安逍遥园设翻译场，唐太宗为玄奘在新建的大慈恩寺置翻译院。当然，译经工作的持续，使国都迅速成长为佛教研究的中心。

佛教主要依靠一些高僧大德的宣讲弘传来扩大其影响范围，陕西亦复如此。如蓝田骊山，“俗本骊戎，互相梗戾”。但由于善惠法师的敷陈弘传，“率奖陶北，十室九空”，使骊山名胜之地尽建禅林，扩大了佛教的分布地域。

（四）佛教思想对世界的影响

佛教从印度传入中国，经过几个世纪的吸收与消化，到了南北朝末期，逐渐完成了中国本土化，并开始对外传播，日本就是中国佛教传播的受惠国之一。

中国佛教在日本的传入和传播，大致经历了中国的南北朝、隋朝，而在日本则是从佛教的传入到奈良时代以前的时期。这个时期的中日佛教交流大致有四个方面的内容：第一，大批的入唐僧的出现，日本僧人通过官方的派遣或者民间的自发形式前往中国学习佛法。入唐僧大体又可以分为三类：学问僧、清益僧和还学僧。学问僧留唐时间长，志在深造佛法；清益僧在某一方面已有一定的造诣，具有一定水准，志在求得某些具体问题的解答而入唐；还学僧作为官方派遣的使节而入唐。第二，大批佛教的经论章疏流传到日本。留学僧在唐朝期间，在中国诸师的帮助下，大力搜寻、抄写佛教典籍，极大丰富了日本的佛教资源。第三，中国佛僧应邀或自发到日本弘法。第四，在上述因素影响下，中国宗派在日本安家落户。奈良时代最有名的“奈良六宗”与中日佛教交流关系很大，甚至可以说它是当时交流的结晶。它们或是中国僧人直接到日本建立的，或是由中国僧人的外籍弟子在日本建立的。前者如律宗，由中国僧人鉴真东渡日本所创。后者如三论宗、法相宗、华严宗，他们的创始人如惠灌、道昭、审祥诸僧都到中国求过法。平安时代的天台宗和真言宗则是由入唐求法的日本僧人最澄和空海分别根据中国天台宗和中国密宗而建立。

日本奈良唐招提寺

隋唐中日佛教交流过程中典型人物有鉴真。鉴真，俗姓淳于，唐代佛学大师，原籍广陵江阳（今江苏扬州），幼时家境清贫，长安元年（701 年）十四岁时，随父在扬州大明寺出家，师从智满禅师，当了沙弥。唐中宗神龙元年（705 年）他从道岸禅师受菩萨戒。景龙初年（708 年）随师到洛阳、长安，屡从名师受教。在长安期间，鉴真勤学好问，不拘泥于门派之见，广览群书，遍访高僧，除佛经之外，在建筑、绘画，尤其是医学方面，都具有了一定的造诣。天宝十二年（753 年）十一月十五日，他率弟子四十余人从扬州（今瓜洲镇入江口处）出发，第六次启程渡海，同年在日本萨秋妻屋浦（今九州南部鹿儿岛大字秋月浦）登岸，经太宰府、大阪等地，于次年入日本首都平城京（今日本奈良），受到日本朝野僧俗的盛大欢迎，实现了东渡宏愿。此后鉴真在日本辛勤不懈地活动了十年，传播了唐代多方面的文化成就，被日本人民誉为“文化之父”“律宗之祖”。

朝鲜三国以来的佛僧们，除了偶然有往印度及其周边国家求法的，差不多都以中国为佛教中心地，慕名而至，吸吮了中国佛教的营养。统一新罗之后，入唐求法几乎成了佛教界的一种风气，其入唐求法的僧侣数量大幅增加，求法的质量也空前提高。这些僧侣回国以后备受尊崇和重用，成为朝鲜佛教及其各宗派形成发展的骨干。新罗法相宗的开山宗师圆测，也是新罗王孙。他幼年出家，入唐留学，师事一代名僧玄奘，穷究佛理的奥义。后选入玄奘主持的译经馆，直接参加了印度佛教经典的翻译工作。圆测手下的高徒道证、胜庄、智仁、顺暻、神昉等人也都先后入唐求法，其中的智仁、神昉，都曾被选入唐译经馆工作。

道家洞天

中国道教重陕西，陕西道教看终南，于是便有了“自古终南出神仙”的美誉。道教倡导天人合一的修持理念，追求清静自然的生活方式。因此，青山碧水历来都是道教中人从事宗教活动、隐居修行的绝佳之处，故道教把“居山修炼之人谓之仙”。由此以来，终南山大秦岭则自然成为历代道教徒向往的圣地，成为中国道教著名的仙山，道教的一些主要派别如楼观派、全真派、龙门派的祖庭均在秦岭山中。宋代的无名氏写有《沁园春·自古神仙》描述了道教在终南山的发展轨迹，词曰：“自古神仙，隐迹终南，万代流传。说经台上，针活枯柏，炼丹炉下，化女石泉。四皓商山，十老古洞，尹喜亲闻道德篇。结庵处，有青牛系柏，白鹿升天。翊圣古迹依然。雪样三朝画得全。有元真文涧，松阴一梦，钟离悟道，跨鹤金仙。二祖披毡，甘河引度，传受重阳七朵莲。全真教，洞天福地，象帝之先。”历代于秦岭山中所建道观可考或现存者尚有楼观台、通道观、仙游观、金台观、重阳宫、清凉山、望仙宫、丹阳观、长春观、太一观、四皓庙、玉真观、金仙观、开元观、灵泉观（原华清宫）、白鹿观、太元观、萯黎观（原萯阳宫）、化羊宫（亦称化羊庙）、太平观（原太平宫）等数十座。

（一）地理环境与道教

终南山，绵延数百里，神韵甲天下。终南山道脉深厚，源远流长。既是南北方自然地理分界线，又是代表黄河流域文明的秦陇文化与代表长江流域文明的巴蜀文化和荆楚文化的交汇点。独特的地理环境，雄浑而多元的文化积淀，造就了其成为传承中华文明的文化山，播种道教思想的神仙山，经常被道教典籍称为“别有洞天”“洞天之冠”。终南山的幽谷，人迹罕至，云雾缭绕，在人们心目中有一定的神秘性。隋唐以来，终南山被北方教徒们，尤其是楼观道士用尹喜、老子等故事描述成了群仙居住的仙境，到此洞天访仙，自然有望得到他们的点化，羽化登仙也可能将从这里开始，这就为唐代文人指出了一块实实在在的求仙之地，终南山遂成为文人求仙访道的圣地，尤其是对上层社会的信道求仙者很有吸引力，形成了横贯终南山东西的许多道观。

终南山道教之始，一般被追溯到老子入关传经设教之时。终南山西段有楼观台，相传周大夫函谷关令尹喜最先于此结草为楼，以观星气，故名草楼观，后来简称楼观。老子在楼观南筑台为尹喜授经讲经，故称“说经台”，后因地处楼观而名“楼观台”。老子于楼观授经讲经、阐扬道德，形成了被后世道教奉为最核心的经典《道德经》，藉此孕育并推动了中国道教思想的诞生和发展。唐朝统治者崇信道教，经常召见著名道士。这些被召的道士在朝廷享有很高的地位，他们以道教界领袖自居，主持神仙活动，整理道教经典，传播道教思想，使崇尚道教的风气盛极一时，唐朝统治者对道教扶持、尊崇，对道教人士召见、加封，对神仙道教喜爱与青睐。这样，道教便成了唐朝的国教，官场也几乎成了道场，唐代道教与政治的联系就这样亲密无间地融合在一起，举国上下崇道、信道，“帝王虔求斋玉京，王公百辟咸致诚。云旗彩杖森列出，日月晏温顺气晶，真容来兮受天庆”，这是写上层统治者的一次盛大的道教活动。“金天高下西京道，巫女纷纷走似烟。手把纸钱迎过客，遣求恩福到神前”，这是描写民间招揽信徒入观烧香祈福的热闹场面。可见奉道在民间也是如火如荼。

据文献记载，华山一直是道教独占的名山，也是道教的三十六小洞天中的第四洞，佛教从未涉足过。它的雄险神奇的山体形象，不仅是道教所追求的理想的神仙境界，也是千百年来道教徒所向往的修炼之地。早期道教的著名道士如北魏的寇谦之、北周的焦道广等人都曾在山上结庐修炼，道士们的早期开发可谓艰辛，他们只能在山中依崖栖身，以后才逐渐修建石、木结构的小型道观。唐代，华山道路逐渐开凿出来，道教也随之而兴盛。

华山玉泉观

华山云台观，是道教的著名宫观。华山云台观有两个，一个在华山峪口，一个在华山北峰。华山峪口的云台观，古称“明堂”，是古代天子巡狩之地。后周武帝时，道士焦道广居华山北峰辟粒餐霞，武帝诣山庭卧轩问道，因于峪口置建此观。五代宋初华山最著名的道士为陈抟。据《宋史·隐逸传》载，陈抟于后唐长兴（930—933 年）中，举进士不第，遂不求禄仕，以山水为乐。先入武当山九室岩，“服气辟谷历二十余年”。后“移居华山云台观，又止少华石室。每寝处，多百余日不起”。从该传所云后周世宗以“显德三年（956 年）命华州送至阙下”来看，陈抟至迟于此年已移居华山。而从该传称太平兴国九年（984 年）复来朝，对宰相宋琪等说“抟居华山已四十余年”之语推断，其移居华山，似在后晋开运元年（944 年）之前。至端拱二年（989 年）逝世，居华山近 50 年。陈抟居华山近 50 年，常居之所即华山云台观。宋仁宗至和元年（1054 年）建有集真殿，元代毁于火灾，明代屡修屡毁，清康熙十九年（1680 年）顾炎武、王宏撰等人于观西建朱子祠，兴教办学，名为云台书院。观内原主要道教建筑有三清殿、玉皇殿、西岳殿、无量殿，今皆不存。观外尚保留有“一柏一石一面井”的名胜古迹。孟郊曾游云台观，留有《游华山云台观》：“华岳独灵异，草木恒新鲜。山尽五色石，水无一色泉。仙酒不醉人，仙芝皆延年。夜闻明星馆，时韵女萝弦。敬兹不能寐，焚柏吟道篇。”

秦岭蓝田县有云台山。蓝田云台山，当地人称月牙山，位于蓝田县焦岱镇。从汉唐至清末，一直是帝王光临、百姓钟爱的游览圣地，是佛、道、儒布道的名山，海拔 2224 米。站在云台山顶，风和日丽，晴空万里，碧蓝的天空，洁净明澈；远处的山峦延绵不断，西边的太兴山隐约可见，南边的岱峪和西边的汤峪清晰可见，北边的焦岱镇、小寨乡依稀可辨。就目前的现实开发看，蓝田云台山名气很小。在文化积淀上，蓝田云台山所在地岱峪，和东岳泰山同姓公尊。云台山下的焦岱镇，经史念海先生等人的考察，已经认定这里是汉武帝修建黄帝鼎湖延寿宫的地方。《史记》记载，黄帝得宝鼎，跨龙飞升云空。道教《云笈七笺》，影响最大的宝贵经典即《黄帝九鼎炼丹诀》。

云台山

金台观位于宝鸡市区北部的陵塬上，南距火车站 0.5 公里，始建于元末明初，为明代辽东道人张三丰修道处。《明史》卷二九九《张三丰传》载："张三丰，辽东懿州人，名全一，一名君宝，三丰其号也。……太祖故闻其名，洪武二十四年（1391年）遣使觅之，不得。后居宝鸡之金台观。"金台观现存建筑分中院和东、西偏院三部分。主要建筑和道教古迹有玉皇阁、三清殿、吕祖殿、八卦亭、三丰洞、朝阳洞等。中华人民共和国成立后，人民政府曾多次拨款维修金台观古建筑，后又在观内建立了博物馆，展出大量西周时期的青铜器，使该观远近闻名。古诗有云："不为依陈宝，浮云自往来。三峰留玉洞，一杖下金台。海岳归何处？君王召不回。无生本无地，人世漫徘徊。"金台观是宝鸡八景之一。

宝鸡金台观

宝鸡天台山位于宝鸡市南部，秦岭山脉北麓。天台山自古以来为“圣人践地”，主要名胜古迹有神农祠、烧香台、伯阳山、炎帝骨台寝殿、老君殿、玄女洞等10处，现多处已被修复。天台山具有独特丰富的自然景观和人文景观，区内群峰竞秀，植被繁茂，景色幽美，气候宜人，森林植物种类丰富，自然风光秀丽。宝鸡天台山有两个特点是国内其他天台山所不具备的：其一，它最靠近中国上古神性地理圣地昆仑山，是黄帝崆峒山问道之地。其二，它是神农炎帝牺牲之地。“牺牲”是一种道德姿态，是一种伦理境域，是一种伟大情怀；既是菩萨精神，也是仙道基础，更是天台山的灵魂。天台山以其神秘幽美的自然环境，吸引历代著名道教人物隐居养性、修炼传道，千余年来香火不断，祀神盛行，形成了颇具文化特色的道教文化。

太白山是一座宗教名山。山上有按道教神仙谱系建立起来的庙宇建筑群，即所谓“五里一庙，十里一寺”，如太白庙、文公庙、南天门、药王殿、老君庙、拔仙台、玉皇庙等。太白庙祠祀太白山主神三太白。作为太白山主神，三太白有不同说法。关于三位太白尊神，民国时于右任先生的考证结果是尧、舜、禹。因为太白山庙会参拜的是天官尧帝、地官舜帝、水官禹帝，拔仙台西边的三官殿即三帝殿宇。但据任法融高道讲及民间传说，大太白是伯夷，二太白是叔齐，三太白是诗仙李白。每位太白都是美丽的传说，人们总是把气节高尚的人封为管天、管地、管水之神，以便倾吐他们心中的秘密。

天台山的人文景观，古朴神秘，源远流长，丰富多彩。传说天台山为炎帝神农采药遇难之处，炎帝遗迹甚多，故世有“天台天下古，天台古天下”之美誉；天台山以道教文化著称于世，为道家“祖庭”“玄都”之地。天台山其神秘优美的自然环境，吸引历代著名道教人物隐居养性、修炼传道，千余年来香火不断，祀神盛行，形成了颇具地方色彩的道教文化。天台山自古以来为“圣人践地”，历代在此举行祭祀炎帝活动，节日庙会亦频繁举办，因此，庙会中社火、戏曲、祭祀活动与各种富有地方风情特色的民俗活动，不仅具有古老淳朴之色彩，与宝鸡悠久的历史文化一脉相承，而且增添了天台山人文景观的神秘性和多彩性。人也是自然的一部分，在特殊的自然条件下才会孕育和荟萃出人文的个性，离开了人的多样性的活动，自然的特点也就显得单薄而索然，单纯而简单。

终南山也是道徒炼丹的理想场所。道教认为，炼丹首先必须选在名山。道教修炼养生的要旨即清静无为，如养生术须辟谷、导引、行气，吸纳天地日月之精华，获取山林云海之神髓；守真术须内观、存思、守一，强调“求道之法静为根”，这些道术的修炼均离不开山林幽静的自然环境。道教赋予炼丹以种种神秘色彩，其术不能轻传他人，古荒无人迹的山林隐蔽之处，正是砌炉立鼎炼丹服药之绝佳场所。

我们通过大历诗人卢纶的《过楼观李尊师》描写在终南山中采药炼丹的诗歌来具体分析：

城阙望烟霞，常悲仙路赊。

宁知樵子径，得到葛洪家。

犬吠松间月，人行洞里花。

留诗千岁鹤，送客五云车。

访世山空在，观棋日未斜。

不知尘俗士，谁解种胡麻。

此首诗歌描写了卢纶在京城长安眺望终南山楼观台，只见其云雾缭绕，仙境飘缈，诗人感叹道教仙境楼观离自己很遥远，想追随炼丹道士而隐居深山、静心修炼以求长生不老、羽化成仙的愿望油然而生。通过诗中出现的这些道教术语及所描述的道教求仙的活动，我们也可以看出诗人有前往终南山求仙访道、炼丹成仙的想法。

可见，道教修炼养生必须排除杂念干扰，远避尘世俗务，深山老林是其隐居修炼的首选之地。山巅与天接近，山峰的凸点是天与地的交汇处，最利于服丹药后升仙，所以“峻极于天”的山岳，正是升仙之途。而且炼丹所需金石矿物、灵芝药草等也必须到山林中寻觅。风景秀丽的终南山，其矿藏丰富、草药繁盛、环境清幽、空气新鲜，适合学道游仙、炼丹养气。而且终南山高耸通天，云霞飘拂，幽深莫测，符合神仙养生修炼的环境和超凡脱俗的身份。

（二）楼观台

道教最早的道观是陕西终南山的楼观，说经台则是楼观最早的“道观”。说经台位于海拔 594 米的山上，虽处山之阴，但却尽得其阳，翠竹环抱，古木高耸在天空中，秀峦葱郁，赏心悦目，历来是帝王、道众朝拜之仙都，文人墨客云集之圣地。晋惠帝时，楼观道士梁谌，自称得尹喜道系真传，声望日隆，道众云集。晋惠帝乃敕令扩建楼观庙宇，植树万株，拨百姓 300 户，以供洒扫。今日说经台，南依翠峦，北瞰渭水，古木参天，绿荫蔽日。置身于翠峦茂林之间，吞吐那山水含蕴的灵气，旷若不见古始，究兮窈兮冥兮，老子的“道可道，非常道”大音希声于山风林雾之中，西望仿佛见青牛，唯恍唯惚两苍茫。五千真言，传于斯台，老子已去，楼观犹在。“人法地，地法天，天法道，道法自然”，涣涣流行，寂兮寥兮，独立不改，周行而不殆。自然无始无终，道妙存乎见用。

楼观台老子像

楼观台是老子著书立说、传道讲经之地，有“天下第一福地”“洞天之冠”的美誉。楼观台是中国天下道观的玄都，古迹群落，从东往西分布有：楼观台、西楼观、宗圣宫和大秦寺塔四大系列。“据道藏和碑文记载：西周尹喜在神就乡闻仙里研究天文星象学，草创楼观。周康王拜尹喜为大夫。周昭王二十三年，尹喜见紫气东来，到函谷关迎接老子到楼观台，拜老子为师。”《史记·老子传》记载：“老子修道德，其学以自隐无名为务。居周久之，见周之衰，乃遂去。至关，关令尹喜曰：‘子将隐矣，强为我著书。’于是老子乃著书上下篇，言道德之意五千余言而去，莫知其所终。”《庄子·天下篇》曰：“以本为精，以物为粗，以有积为不足，澹然独与神明居，古之道术有在于是者。关尹，老聃闻其风而悦之……关尹，老聃乎！古之博大真人哉。”

因楼观台的盛名，吸引着历代文人学士。唐代王维、李白、岑参、欧阳询、温庭筠、白居易、卢纶、李商隐，宋代苏轼、苏辙、米芾，元代赵孟頫，明代康海，清代王阮亭等人，都游历过这里，赋诗作画，刻石题字。李白与终南山的结缘，是在开元十八年（730 年）秋季前后，两次来到当时唐皇室宗庙的楼观台宗圣观和玉真公主别馆。他第一次是与友人游山赏景、唱酬吟和而来，并呈送《玉真公主词》以及一系列表达进取、希冀提携的赠友唱和之诗，突出浓厚的述志寄愿的理想。第二次则是进见宰相张说不成，说之二子把他安排在终南山附近玉真公主的别馆住下，让他在此等候召见的消息。李白生长在道教盛行的蜀地，自幼就受到道教教义的影响。同时，他又有很强的功名入世思想。因此，两次上终南山楼观台谒见玉真公主，都是为了“立登龙门”，求得玉真公主的赏识和引荐，实现他的理想。诗人为了功成而在长安和终南山奔波，把他那“扶摇应借力”“而来命驾寻”的愿望都尽写在“平交王侯”的赠酬诗中。正因为他对受召入宫、济世报国抱有幻想，所以几乎每篇赠酬诗中都有关心社会、历史、政治的主题。在叙述方式上要么直抒胸臆，要么借典代喻。李白《慈姥竹》：“野竹攒石生，含烟映江岛。翠色落波深，虚声带寒早。”走进楼观台百竹园，翠竹林立，苍翠欲滴。在竹园里闲庭信步，仿佛置身于绿的海洋，园内一片翠绿，绿的各不相同。盛唐统治者对道教的特殊尊崇，使社会上隐逸崇道风气盛行一时，盛唐大诗人王维、李白、杜甫、储光羲、薛据等人在长安期间都有过不同程度的崇道行为，留下了吟咏终南山道观的诗作。如王维的《过太乙观贾生房》：

昔余栖遁日，之子烟霞邻。
共携松叶酒，俱簪竹皮巾。
攀林遍岩洞，采药无冬春。
谬以道门子，征为骖御臣。
常恐丹液就，先我紫阳宾。
夭促万涂尽，哀伤百虑新。
迹峻不容俗，才多反累真。
泣对双泉水，还山无主人。

诗人写他曾和贾生一起在终南山太乙观隐居，与烟霞为邻，一同采药炼丹、学道求仙。虽然诗人对道教的信奉并不坚定，后来“谬以道门子，征为骖御臣”，但王维对其栖隐终南山道观的经历颇有留恋，对道士采药炼丹一事仍然关注。实际上，唐代由于炼丹术兴盛，服用丹药成为一时风气，很多诗人也渴慕丹药、热衷服食，甚至隐居山中亲自合炼。如诗人薛据年轻时也曾热衷炼丹。据《唐才子传》记载，他“初好栖遁，居高炼药。晚岁置别业终南山下老焉”。他也在《出青门往南山下别业》一诗中自述他“旧居在南山，夙驾自城阙……弱年好栖隐，炼药在岩窟”，详细描写了自己合药炼丹的情形。储光羲也曾隐居终南山，崇道炼丹，其诗《终南幽居献苏侍郎三首时拜太祝未上》云：

道近无艮足，归来卧山楹。
灵阶曝仙书，深室炼金英。
春岩松柏秀，晨路鹍鸡鸣。
羽化既有言，无然悲不成。

诗人幽居终南期间，既读仙书，复炼金丹，终因羽化成仙的可望不可得而心生悲慨。

除采药炼丹外，对人生适意和意志自由的追求，高蹈脱俗、不受羁束的精神，也是唐代文人羡慕神仙生活、向往神仙世界的重要原因。如道教信奉者李白，他的《西岳云台歌送丹丘子》诗云：

云台阁道连窈冥，中有不死丹丘生。
明星玉女备洒扫，麻姑搔背指爪轻。
我皇手把天地户，丹丘谈天与天语。
九重出入生光辉，东来蓬莱复西归。
玉浆傥惠故人饮，骑二茅龙上天飞。

诗人在诗中将他的好友道士元丹丘描述为“不死丹丘生”，类同神仙，他在华山云台峰上有诸位神女悉心照顾，又能出入宫门，与帝王畅谈，荣耀异常，令李白敬佩不已。诗人很希望能和元丹丘一起畅饮“玉浆”、骑龙飞升，这完全符合浪漫主义诗人李白的奇思妙想和道教徒李白追求自由超脱的强烈愿望。李白还曾前往终南楼观，向已出家为道士的玉真公主献诗《玉真仙人词》：“玉真之仙人，时往太华峰。清晨鸣天鼓，飙欻腾双龙。弄电不辍手，行云本无踪。几时入少室，王母应相逢。”李白在诗中将已成为女道士的玉真公主称为玉真仙人，并盛赞她的求仙生涯与潇洒行踪。说她时常前往华山作道家的法术“鸣天鼓”，还能乘双龙上天，来日一定可以得道嵩山，与西王母相逢。诗歌成功表现了这位“仙人”的行迹飘忽、个性非凡，推崇之意尤为明了。

终南道观里的道士为了宣传道教，也会下山作“道讲”以争取百姓的信仰，韩愈的《华山女》对此有生动的描写：

街东街西讲佛经，撞钟吹螺闹宫庭。
广张罪福资诱胁，听众狎恰排浮萍。
黄衣道士亦讲说，座下寥落如明星。
华山女儿家奉道，欲驱异教归仙灵。
洗妆拭面著冠帔，白咽红颊长眉青。
遂来升座演真诀，观门不许人开扃。
不知谁人暗相报，訇然振动如雷霆。
扫除众寺人迹绝，骅骝塞路连辎軿。
观中人满坐观外，后至无地无由听。
抽簪脱钏解环佩，堆金叠玉光青荧。
天门贵人传诏召，六宫愿识师颜形。
玉皇领首许归去，乘龙驾鹤来青冥。
豪家少年岂知道，来绕百匝脚不停。
云窗雾阁事恍惚，重重翠幕深金屏。

仙梯难攀俗缘重，浪凭青鸟通丁宁。

诗中的华山女道士在长安城里升座讲经，听者众多，并受到了宫中贵人的赞赏，足见其非凡魅力。晚唐社会衰败，长安城无复昔年盛况，吟咏终南山道观的诗也为数不多，仅有姚合、郑谷、项斯、李洞、吕岩等人留下了几首作品。如郑谷的《游终南白鹤观》承袭前人，表达了对终南山道观中超脱凡俗生活的企慕："步步景通真，门前众水分。柽萝诸洞合，钟磬上清闻。古木千寻雪，寒山万丈云。终期扫坛级，来事紫阳君。"诗中的白鹤观周围有"古木千寻雪，寒山万丈云"的高旷清景和"柽萝诸洞合，钟磬上清闻"这样神秘雅致的修炼场所，使诗人不由生出了"终期扫坛级，来事紫阳君"的崇道愿望。晚唐诗人还对终南隐士多有关注。如李洞的《寄太白隐者》："开辟已来雪，为山长欠春。高遮辞碛雁，寒噤入川人。栈阁交冰柱，耕樵隔日轮。此中栖息者，不识两京尘。"写太白山寒冷、恶劣的自然环境。

极目远望，台南有老子炼丹楼，台西耸立着主钵塔，周秦遗墟，汉唐故迹，滔滔渭水东流，田园美景尽收眼底。游人苏玉局赋诗云："剑舞有人通草圣，海山无事化琴工。此台一览秦川小，不待传经意已空。"在楼观台北的唐代"宗圣宫"遗址废墟中，挺立着千年古银杏树和二三百年的柏树。李隆基《过老子庙》诗："仙居怀圣德，灵庙肃神心。草合人踪断，尘浓鸟迹深。流沙丹灶没，关路紫烟沉。独伤千载后，空余松柏林。"颇有庙宇荒凉、寂寞哀伤之感，这大概是他逃难返回、路过此处之作吧！岑参《题楼观》诗云："荒楼荒井闭空山，关令乘云去不还；羽盖霓旌何处在？空留药臼在人间。"亦显示出当时"楼观"的荒凉情景。至于苏轼的《书楼观》诗：

门前古碣卧斜阳，阅世如流事可伤。
长有游人悲晋惠，强修遗庙学秦皇。
丹砂久窖井水赤，白术谁烧厨灶香。
闻道神仙亦相过，只疑田叟是庚桑。
道人应怪游人众，汲尽阶前井水浑。

苏辙《寄题楼观》诗一首：

老聃厌世入流沙，飘荡如云不可遮。
弟子怜师将去国，关门望气载还家。
高台尚有传经处，壤壁空留驾犊车。
一授遗书无复老，不知何苦服胡麻。

从诗中可知兄弟二人感慨万千。白居易的《读"老子"》诗云："言者不知知者默，此语吾闻于老君；若道老君是知者，缘何自著五千文？"既是对老聃的讥刺，也是对后人的启迪和教育，可谓言简而意深。

道教成为唐代的国教，上至帝王将相下至平民百姓，信道者甚众。据统计，唐代至少有 6 位皇帝因误食丹药而中毒身亡，公主为女冠者有 13 人之多。太宗李世民尽管心中明白“神仙事本虚妄，空有其名”，但还是相信长生之术，吃了一个天竺方士所合的延年之药而中毒身亡。唐高宗则亦步亦趋，“令广征诸方道术之士，合炼黄白”。这种最高统治者对道教的信仰到了唐玄宗那里达到了登峰造极的地步，他把卢鸿一、王希夷、李含光、司马承祯、张果等著名的道士请到长安来，加官封号，百般崇信。崇奉道教在民间也是如火如荼，唐代张柭的《朝野佥载》曾记载：“唐初以来，百姓多事狐神，房中祭祀以祈恩，食饮与人同之，事者非一主。”李嘉《夜闻江南人家赛神，因题即事》说：

南方淫祀古风俗，楚妪解唱迎神曲。
锵锵铜鼓芦叶深，寂寂琼筵江水绿。
雨过风清洲渚闲，椒浆醉尽迎神还。
帝女凌空下湘岸，番君隔浦向尧山。
月隐回塘犹自舞，一门依倚神之祜。
韩康灵药不复求，扁鹊医方曾莫睹。
逐客临江空自悲，月明流水无已时。
听此迎神送神曲，携觞欲吊屈原祠。

（三）张鲁的“五斗米”教

西北道教的历史，在中国道教史上占有极重要的地位。不仅早期道教正式形成于今西北境内，道教思想的主要成分、道教史上的一些重要事件和知名人物亦发生或活动于西北大地，近世道教的主要宗派更是源于西北。西北境内有五岳、五镇中的西岳、西镇，四渎中的长江、黄河、汉水，自西周至唐代，长期在西北定都，历代朝廷的天地祭祀和对名山大川的祭祀活动带动了本土宗教的发展。终南山古楼观、重阳宫等宫观，则是自隋唐至金元间近 8 个世纪的道教圣地。即便是在整个道教趋于衰微的近现代，西北的道教活动仍有着不可低估的影响。

张修、张鲁在汉中大兴五斗米道，有便利的自然地理和人文环境为前提。首先，这一地区位于汉水上游，虽然接近政治文化中心的三辅地区，但被崇山峻岭所包围，既能较早吸收三辅文化，又便于在封闭的环境中繁衍生息而不易被外力所破坏。其次，汉水上游地区自春秋战国以来一直是周秦文化、荆楚文化与巴蜀文化的融合交流之区。秦地的黄老崇拜与荆楚、巴蜀的巫鬼信仰很容易结合在一起，神仙方术流行甚早，巫风很甚。西汉末，有蜀人李阿，穴居不食，行辟谷之术，号称李八百，后形成李家道。原立于城固县许家庙乡的《仙人唐公房碑》记述了西汉居摄二年（公元7年）城固人唐公房“一人得道，鸡犬升天”的神话传说。据《历世真仙体道通鉴》，此传说中的真人即李八百。再次，西南少数民族赉、氐于汉末北迁汉水上游，带来了巫教的组织和仪式。“张鲁居汉中，以鬼道教百姓。賨人敬信巫觋，多往奉之。”这种社会环境使五斗米道如鱼得水，张鲁雄踞汉中达30年之久。

陕西汉中是道教的发祥地。在东汉末中原战乱频仍的情况下，张鲁的“五斗米教”政权，使汉中维持了富庶祥和。至今汉中的道观还是主要的宗教建筑，道教在这里兴盛与汉中处秦巴山地之间封闭的自然环境和社会人文有密切的关系。诗经《大雅·旱麓》就记载了祭祀场面。民间祭祀当地大山有山神，汉江沿岸多有禹王宫或龙王庙，各村都建有土地庙、龙王庙等。百年古树成了树神，家有门神、灶神、祖先神牌，甚至农具也是神要敬，有背兜神、板凳神等。另外，汉中因大山阻隔，交通不便，物质交流不畅，更易于发展自给自足的小农经济，山区很多地方还保持着老子“鸡犬之声相闻，老死不相往来”的小国寡民状态。虽与政治中心长安一山之隔，却因山路艰险、居住分散偏僻等环境差异，形成了与关中民间攒钱修房造屋讲究门面等注重虚荣的政治核心区不同的价值观和文化传统。人们崇尚自然、珍爱生命，追求人与自然和谐相处。

这种崇尚自然、关爱生命的文化，构建了“五斗米教”后来发展为道教正统的“正一教”在汉中传播发展的社会基础。所以，兴于巴蜀的“五斗米道”在东汉末由张鲁在汉中有了大发展，建立了政教合一的政权。

（四）全真道

五代时的钟汉离，自称南汉时遇上了仙人王玄甫得到了长生之道。后为了躲避战乱进了终南山，并在此修行。唐时的吕洞宾，在长安酒肆遇见了钟汉离，随即跟随他进入终南山修道，后亦得道成仙。还有一个叫刘海蟾的，也受钟汉离点化，遁迹终南山下，后丹成尸解，有白气自顶门出，化鹤冲天。到了金、元时期，终南山成为全真道最早的发源地，并使终南山道教走向了鼎盛。五代宋金时，有陈抟、刘海蟾、张无梦、种放等著名道士居华山修道，秦岭道教中心向东偏移，这与自五代起，政治中心由长安东迁至河南境内有关。王重阳及其弟子创立并弘扬全真教，秦岭北麓终南山道教发展至顶峰时期。重阳宫位于西安市户县境内，是道教全真派三大祖庭（陕西重阳宫、北京白云观、山西永乐宫）之一，是道教全真派祖师王重阳早年修道悟真和羽化遗蜕之所，被誉为“天下祖庭”“全真圣地”。

重阳宫位于户县祖庵镇，为全真教祖庭。此地原名刘蒋村，因全真教祖师王重阳曾在此结庵修行，后又埋骨于此，全真教大兴于世后，此地遂改名曰“祖庵镇”。

重阳宫在元代曾盛极一时，宫域东至涝峪河，南抵终南山，北临渭水，殿堂楼阁多达5000余间，住道士近万名。金承安二年（1197年），请额名灵虚观。金天兴（1232—1234年）年间，遭兵燹。蒙古太宗八年（1236年），尹志平重新草创。十年（1238年），李志常奏请得旨改灵虚观为重阳宫，命于善庆等率徒大力营修扩建。从太宗十二年（1240年）起，经约10年，“雄宫杰观，星罗云布于三秦之分矣，其祖庭制度，为海内琳宫之冠”。

重阳宫

全真派是一个典型的“入世”教派，它的教旨以“澄心定意，抱元守一，存神固气”为真功，以“济贫拔苦，无人后己，与物无私”为真行。甚至天上的神仙也要下凡历劫，在人间完成一番事业之后才能成正果而“归仙位”，这些都具有明显的世俗意味。全真派还“参以禅定之习”，不但在组织上效法禅宗“百丈清规”的规则，而且在经济伦理方面也吸收了“清规”的“一日不作，一日不食”的教义。它既不同于汉代以来的隐逸遁世，更迥异于宫廷道教之崇信方士诞幻之术，而是“以真为宗，以朴为用”，提倡生活节俭、勤于劳动生产，即所谓“勤俭食”，这种颇受到社会上器重的“勤俭食”的经济伦理所表现的道教入世转向，有助于道观地主经济的进步发展，带动了道教制度的完善，巩固了道观内部组织的严密化和经济的一体化，从而更突出其独立和半独立的经济、政治实体的特色。像禅宗的佛寺一样，世俗地主经济的发展和丛林制度的完善不仅确立了道教宫观在名山的稳固的宗教地位，也确立了它们的稳固的经济地位。因此，宋、金、元时期，全真、正一两教在民间盛行不衰，乃是道教得以继续保持其全盛局面的一个重要因素。

郝大通当年投拜在全真教祖师王重阳门下修道，后来王重阳羽化登仙了，他和其他六个师兄师弟就各走一方，云游而去。郝大通四处云游，到了河北赵州，每日在桥下闭目静坐养性。一日，王重阳化做童子现身点化他，要他到华山凿洞修道，方可成正果。郝大通遵师嘱到了华山，在北斗坪上开凿三年，凿出紫薇洞准备在此修行。在凿洞过程中，他收了两个徒弟，一名梅良，一名竹青。他俩跟郝大通开山凿洞，很卖力。郝大通对徒弟也带得认真。可谁知紫薇洞刚凿好，就来了一位老道人，恳求说："您老的洞打得真好，我不会打，就让给我吧。"郝大通听了，毫不犹豫就把洞让给了老道。几十年里，郝大通和两位弟子就这样让给道友的山洞大概有70个。两个徒弟本来一心想修道成仙，可谁知碰着一个这样的师父，只知打洞送人，没传一点道给他们。最后一次，两个徒弟割断绳子，将师父郝大通摔下山去。两个徒弟急忙下山，刚走到千尺幢旁，看见师父迎面飘然走来。两个徒弟顿时明白师父是得道成仙之人，心中后悔不已。郝大通见二徒有悔过之心，重新收下他们。那块石头后来就被叫做"回心石"。这一日郝大通引着两个徒弟回到南天门，又在那峭壁上凿起洞来。一天，当他们继续凿那个还未完成的半截洞时，梅、竹二徒看见有人走过来，就对师父说："有人来了！"郝大通一听，扭身往洞内一坐，就瞑目坐化登仙了。

丘处机（1148—1227年），字通密，号长春子，栖霞县滨都里人，与马丹阳、谭处端、王玉阳、刘处玄、郝大通、孙不二同称"北七真"。19岁时，丘处机独自去昆仑山烟霞洞修行。翌年9月，听说陕西终南山道士王重阳至宁海州传道，遂下山拜其为师，成为王重阳弟子。他以虔诚、机敏和勤勉好学，深得王重阳器重。金大定九年（1169年），王重阳携弟子4人西游，途中病逝于汴梁城，弥留之际嘱咐说："处机所学，一任丹阳。"自此，丘处机在马丹阳教诲下，知识和道业迅速长进。金大定十四年（1174年）8月，丘处机隐居磻溪（今陕西省宝鸡市西南）潜修7年，又迁陇州龙门山潜修6年。其间，他"烟火俱无，箪瓢不置""破衲重披，寒空独坐"，极为清苦。在龙门洞，丘处机修道获得最终成功。告别龙门洞，丘处机走向广阔世界。龙门洞位于陇县西北陕甘交界处的景福山麓，它是省级对外开放道观、重点文物保护单位和森林公园。它始于春秋，建于西汉，盛于金元，是道教龙门派圣地。龙门洞以"奇、险、幽、古"为特色，有"第二华山"之称。史载元代道教"七真人"之一的丘处机在此栖居7年，创建了道教"龙门派"，后世将其特有的自然山水和人文历史巧妙融合，形成了别具一格的自然人文景观，是陕甘宁地区久负盛名的道教名山和旅游胜地。

马丹阳（1123—1183年），宋金道士，道教全真道北七真之一，全真道遇仙派的创立者。初名从义，字宣甫，更名钰，字宫宝，号丹阳子，陕西扶风人。后迁往山东登州宁海县（今山东省牟平）。擅针灸疗法。金贞元年间（1153—1156年）登进士第后，分配在一个县里管摄六曹（即兵、刑、工、吏、户、礼）。大定年间（1161—1189 年）遇重阳子遂与妻孙不二同时出家，同拜王重阳为师，改名钰，号丹阳，后在莱阳仙宫羽化。

全真道是一个在南宋初年通过对旧道派的改造，在金人统治下的北方建立起来的新兴道派。它在教理教义包括立教宗旨、修持目标、修持方法和教规教制等各个方面都进行了一系列的重大改革，从而形成了自己鲜明的特色。可以说，它是道教发展史上的一个革新派。

媚神邀福

民间信仰是指没有形成正式宗教的、无正规的宗教组织与教团机构、无统一的传布程序，但又深入到日常生活各个方面的鬼神、山川及祖先崇拜。它具有组织松散、无一定教规等特点："祭无常时，品无常数"（康熙《陇州志》卷四《祠寺志》），属于民众对鬼神世界的一种信仰习俗。民间信仰一般是原始时代各种崇拜，如自然崇拜、图腾崇拜和鬼灵崇拜的遗留。周振鹤教授在论学时多次指出，中国的宗教形式相对落后，长期停留在多神崇拜阶段。而中国宗教的落后性正是以民间信仰的形式表现出来。

（一）自然崇拜

自然崇拜（Nature Worship）是指把自然物和自然力视作具有生命、意志和伟大能力的对象而加以崇拜，是最原始的宗教形式。中国古代居民居住分散，民族众多，当时人们尚未形成明确的超自然体的观念，但已开始具有将自然物和自然力超自然化的倾向，所崇拜的自然物也很多，而且与居住的环境有很密切的关系，例如，居住在沿海地区的居民多崇拜海神；居住在河流两岸的居民多崇拜河神；居住在林木山间的又多崇拜山神和树神。

根据考古发掘，大约一万七千多年前出现在中国各地的原始人类——山顶洞人、北京猿人、元谋猿人、蓝田猿人，都是居住在低山丘陵和山麓河谷地带。山地有便于开凿洞穴的居住条件，提供狩猎采集的生活条件。先民们对赖以生存的山林环境必然会生出一种血肉相连的功利感情和莫测高深的神秘感情，这便是最原始的“山岳观”。原始人思维中灵魂无处不在、无时不有的观念，也明确地反映在中国古代的祭祀制度上。《礼记·祭法》：“燔柴于泰坛，祭天也。瘗埋于泰折，祭地也。埋少牢泰昭，祭时也。相近于坎坎，祭寒暑也。王宫，祭目也。夜明，祭月也。幽宗，祭星也。雩宗，祭水旱也。四坎坛，祭四方也。山林、川谷、丘陵同，能出云，为风雨，见怪物，皆曰神。有天下者祭百神。”据《尚书·舜典》记载，舜帝“望于山川，遍于群神”，曾巡祭泰山、华山、恒山、衡山诸山。虽然并非信史，亦足以说明在远古时期山岳崇拜已经发展成为一种制度化的祭祀活动了。最早的有关山岳崇拜的信史材料见于殷墟出土的殷代卜辞。这些刻在龟甲和牛骨上的占卜文字中已出现“二山”“五山”“十山”的称谓，这大概就是殷商时的名山。但具体何所指，则不得而知。既然有了名山作为具体崇拜的对象，统治阶级必然要进行相应的祭祀活动。

大约在周初，已经有了“四岳”的说法，四岳即全国版图范围内的东、南、西、北方位上的四座名山，乃是当时的名山之首。由于它们的地位重要，在《述异记》甚至附会为这样的神话：“昔，盘古之死也，头为四岳，目为日月，脂膏为江海，毛发为草木”。《尚书》记载了周天子巡祭四岳的事迹：东岳岱山（泰山）、南岳衡山、西岳华山、北岳恒山。据《大戴礼》，“封泰山而禅梁甫”乃是王者易姓告天报地的一种宗教仪式。《白虎通》则解释为：“王者易姓而起，必升封泰山”，“封者，增高也。下禅梁甫之山，基广厚也”，“天以高为尊，地以厚为德。故增泰山之高以报天，附梁甫之基以报地”。所以说，封和禅是一项政治色彩很浓的宗教仪典的两个步骤：天子亲自到泰山顶上筑台燔火以祭天谓“封”，再到泰山附近的小山梁父（甫）山设坛扫除以祭地谓之“禅”。目的在于由新王朝的最高统治者向神祇报功告成，宣示自己“奉天承运”以取得巩固的合法统治地位。由于华山自古被视为神圣之地，自远古时代开始，帝王们就开始了华山的封祭和巡狩活动，如《史记·封禅记》记载：“舜……八月，巡狩至西岳。西岳，华山也。”据史料记载，秦昭王时，昭王曾命工匠施钩搭梯攀上华山。此后，汉武帝、武则天、唐玄宗、清乾隆等历代帝王均对华山进行过大规模的祭祀活动。华山文化是集道教文化、祭祀文化、山水文化等于一体的多元素文化集合。从尧舜时代开始，历代帝王大多重视华山的巡狩和祭祀活动。从西汉武帝时起，历代帝王或亲自于西岳庙举行盛大的拜岳大典，或派使臣和当地官吏代替朝廷在规定时间祭祀西岳。据史料记载，中国历史上曾有56位帝王到华山巡狩或举行祭祀活动。

农历三月三华山祭祀活动

自然崇拜是人类早期信仰中最主要的一种形式，先秦时期在陕西也存在着诸多的山川星辰等自然崇拜。尤其是对陕西境内常见的自然现象更是按时、依礼祭拜，毫不懈怠。《史记·封禅书》中称："灞、浐、长水、沣、涝、泾、渭皆非大川，以近咸阳，尽得比山川祠，而无诸加。"是以这些河流以近国都的得天独厚的地理位置，而得到与天下大川同样的崇拜。这一道理在汉人早已明晰："汧、洛二渊，鸣泽、蒲山，岳（山胥）山之属，为小山川，亦皆岁祷塞泮涸祠"，因而"礼不必同"。

太白山，又名终南山，位于郿县、武功以南的秦岭山脉，山势挺拔，"于诸山最为秀杰。冬夏积雪，望之皑然"（柳宗元：《太白山祠堂碑》），当地民众对它充满了敬畏与崇拜，"岁旱则祷之，寒暑乖候则祷之，历病祟拜则祷之"。因此，早在北魏时，武功"山下有太白祠，民所祀也"。自宋以后，按诸历代文献记录，太白山的灵应益发神奇。宋代苏轼曾试"旦以瓶取（太白山灵湫）水归郡"，而水未至，就发生了"风雾相缠，旗幡飞舞，仿佛若有所见"的奇事，并且"遂大雨三日"。明初洪武年间，时遇大旱，屯戍在关中的耿忠遂沐浴斋戒，"率官僚吏卒，暨都民数百千人，备鼓吹郊迎，展祭于武功太白之神祠。是夕，大雨滂霈，三日乃止"。崇祯年间，凤翔府秋旱，"抚军汪乔年为文遣耆老登山取圣水，甘霖立霈"；清代乾隆二十九年三月，"霖髹偶衍，禾苗待泽"，陕西巡抚毕沅同样"率僚属步祷西安神庙，复遣官赴山于灵湫取水"，结果也是"立沛甘霖，四野霜足"。正由于在关中民众及官吏的观念中，“太白山至灵，自昔祷无不灵应”，因而宋元以后，太白山逐渐成为关中士民普遍崇拜求雨祈福的主要神灵。自宋代起，神祠就开始由武功、郿县向外扩展：宋代，太白山神崇拜首先扩展至西部的风翔府；随后，扶风也在元代修建了太白庙。至明代以后，太白庙迅即向关中地区扩散。富平金甕山巅的太白庙为“明万历间流曲人祷雨于山而应，又于镇建庙”。三原关门外太白庙也是明万历十八年建；乾州“太白庙，在州治西街，明天启三年修。一在上官村，距城四十里，宣德八年修”；朝邑“太白庙，明崇祯十六年建。”可知至迟在明代，太白山神崇拜已遍及关中，甚至传至秦岭以南的凤县与陕北的鄜州。郝州太白庙，“在城南山，明天启元年知州白铉建。”清代，关中各县的太白庙香火不绝。宝鸡一县之内有太白庙3座，关中各县不仅建有太白祠，而且还形成了朝拜太白山的习俗。每年六月山开，当地百姓“接踵奉香于道，以媚神邀福”。

（二）社火

社火产生于原始的宗教信仰，来源于对古老土地与火的崇拜，是随着原始的祭祀活动而逐渐形成的，它与祭祀有着一脉相承之处。民俗学家顾颉刚先生在《古史辩》第一册《首序》中这样记述“社”：“社”是土地之神，每当严冬过后，大地复苏之时，先民们杀猪宰羊，用自己的劳动果实，祭祀“神灵”，祭祀祖先。此时，终年劳累的原始先民无论精神或肉体都获得了歇息，他们欣喜若狂，把自己“打扮”得非常漂亮，脸上涂上朱砂，头上扎缚鸟羽，大喊大叫，狂蹦乱跳，这便是人类最早的社火。古书《周礼・地官・鼓人》也有记载：“以雷鼓鼓神祀，以灵鼓鼓社祭。”而火的出现，结束了人们黑暗荒蛮的生活，于是人们对火奉若神明，每遇灾害、瘟疫就施烟火加以驱逐。可见，社火是民间祈福温饱的一种集体膜拜行为，是一种实现与苍天对话、与土地沟通的主要方式。

社火的题材与古代民间神话传说有着不可分割的渊源关系，也就是说它的产生比其他戏剧艺术的历史要早（这不排除后来二者互相渗透），那么它的脸谱历史也应早些，古人多有记述。《汉书・礼乐志》：“常从倡三十人，常从象人四人。”颜师古注：“孟康曰：‘象人，若今戏鱼师子者也。’韦昭曰：‘著假面者也。’师古曰：‘孟说是。’”《周礼・夏官》：“方相氏（狂夫四人）掌蒙熊皮，黄金四目，玄衣朱裳，执戈扬盾，帅百隶而时难（傩），以索室殴疫。”郑玄注：“冒熊皮者以惊驱疫疠之鬼，如今魌头也。时难（傩）四时作，方相氏以难（傩），却凶恶也。月令季冬命国难（傩）。索，廋（搜）也。”这段所述即后世所谓的打鬼节。打鬼的人戴着假面具，穿着奇怪的衣裳，拿着武器，作出癫狂的样子，进室内到处乱打，以此和鬼物争胜，使鬼物害怕而逃遁。这种仪式和殷商的“射天”极类似。

凤翔社火

陕西关中一带的民间社火主要以西府宝鸡地区最具典型性，这个地区的社火虽然经历了几千年的传承演变，依然保留了其最根本的特性。当然，比之于远古人类时期，那种强烈的巫术气氛已大大减退，但和其他地区的民间社火相比，关中民间社火的原始性仍然比较浓郁地渗透在各种具体的仪式活动中。

西府社火有许多形式：列队步行的叫地社火；由人背的叫背社火；用方桌、大车轮、木板搭成高台，将扮演的角色抬着游行的叫抬社火；以马车、牛车、汽车、拖拉机载着角色游行的叫车社火；角色骑骡马游行叫马社火；以钢筋做骨架，将角色巧妙凌空悬扎的叫高芯社火；踩高跷的叫高跷社火；刀砍斧劈，抽肠挖肚的是血社火；最壮观的是山社火，它是抬社火和高芯社火的综合体，规模庞大，分上、中、下数层，悬扎多出剧目，由数百大汉抬起如山状。

无论何种形制，西府社火的共同特征是——哑戏，没有唱、念、做、打，主要靠脸谱、服装、道具取胜，其中，最重要的是脸谱。这种脸谱艺术的主要特征是象征性，即社火脸谱用夸张的手法强化鬼神的外在形象，从而引起某种特定的心理暗示和信息，起到象征的作用。比如，关中社火脸谱通常对角色的五官进行夸张处理，表现其品德、性格等内在特征，对此，民间流传口诀有："忠良正直画顺眼，吊眼猛烈少年环；三角细眼奸佞画，凶悍蛮横雌雄眼。"社火脸谱还常用一些特殊图案来象征人物的品行、业绩、法力、身份等。如：孔子额头有玉如意，象征其品行高尚，贵如金玉；雷公头顶有天眼，象征其神通广大、法力无边；炎帝头画灵芝草，寓其"尝百草，以疗民疾"；太上老君头画太极图，象征其为道教创始者……社火脸谱在色彩运用上，象征性更强，它把五行、五色、五方的观念糅合在一起，形成了一种神秘的民间文化色彩体系。东南西北中，分别对应于五色青赤白黑黄，分别对应于五行木火金水土。所以，在社火脸谱中，色彩往往象征最复杂的性格。红为忠勇白为奸，黑为刚直灰勇敢；黄色猛烈草莽蓝，绿是侠野粉老年；金银二色色泽亮，专画妖魔鬼判官。

其实，以上几个方面都还不是社火脸谱最根本、最重要的象征意义。正如原始人看待世界的方式，他们将生命活动于其间的世界变成了生命活动的象征，社火脸谱不只是象征了某个角色的性格、品行、身份、年龄、业绩等，而是连同服饰、道具一起共同作为象征符号，指向了它背后的意义——鬼神。按照这种原始的象征思维，没有一物不具有生命特征，所以，在社火表演中，脸谱、服饰、道具还有装扮社火的人，共同构成了某个神灵。

为什么在社火之后，人们依然相信这些脸谱、服饰、道具仍然具有镇凶辟邪的作用，并且坚信装扮社火的人因此而获得平安和吉祥呢？在宝鸡的千阳、陇县一带，至今还流传着这样的风俗：要社火进家辟邪驱瘟，事先必须上钱买红，如此才能在新的一年全家平安、五谷丰登、六畜兴旺。各家进献的红都搭在开路先锋的枪棒上，夺目耀眼，煞是好看。这种买红的习俗正是建立在坚信神灵在场的思想基础上的。神灵在场，来自神灵的红布条，自然作为象征符号与神灵同一，把神灵带进千家万户。在关中西部凤县的深山中，每年正月十五都要请社火到家里来扫“五穷”。其时，装扮好的社火土地神入室，手拿扫帚在室内扫死角以驱邪送瘟。还有关老爷、秦琼、敬德、黑虎、灵官等，身着彩衣，手持兵器，绕室一周，然后秦琼和敬德手持鞭、锏，站立门口，小孩被放在堂屋中央，让关老爷从其身上跨过去，谓之“过关”，以示驱邪，保佑小孩无病无灾。这些仪式都是建立在相信神灵就是社火、神灵真正在场之信仰的基础上的。于是，千百年来这种仪式得以传承下来，因为人们坚信它一定可以驱邪避灾，带来福祉。

（三）庙会

庙会也叫庙市，是伴随寺院或宫观的宗教活动而出现的商品交易场所。从字面上我们已不难理解，庙会的发展是以宗教的繁荣为基础，而市场交易则是借助寺庙做依托。中国史籍中最早将庙会追溯到西周时期。目前史学界基本认同，庙会的出现大致在魏晋时期，唐代已基本定型，无论北方还是江南均存在庙会活动。宋代以后，庙会在城乡间得到普遍发展。

陕西庙会起源很早，自从魏晋南北朝时期佛教传入中国，陕西作为十三朝皇都，成为佛事庙会比较集中的地区，“演大戏酬神，为千百年所遗留，遂成社会习俗”，如农历正月十四的大雁塔庙会，二月的耀县药王山庙会，三月的西岳华山庙会等均是在西北地区富有影响的“千年古会”。在明清以前，陕西的庙会主要是民俗文化活动，无非敲锣打鼓，社火龙灯，唱戏酬神，饮酒作乐，亦如《华原风土词》所载：“曼衍鱼龙百场戏，分棚啸侣各行觞；春人来去纷如织，箫鼓千村拜药王”。只是到明清以后，陕西的庙会才日益具有经济活动的内涵，并迅速发展到异常繁荣的阶段，使庙会活动的内容发生了深刻变化，佛事民俗的文化活动日益被商品交易、农事准备的经济活动所代替，各级庙会已成为“虽祀神也，而藉以销售农工需用之器也”的经贸活动，唱戏酬神则反而成为“招致市场”的广告宣传手段。这种变化各县庙会皆然，十分普遍。如富平“西乡圪塔庙会锣鼓喧天，旌旗烂耀，所列货物，半多农具”，成为远近闻名的农具市场。山阳四月八日浴佛大会商贾云集，买卖牛马及雨笠帚等物，以名农”。大荔庙会虽以祀神为宗旨，而民间借此置买牲畜器具。而三原的腊八古会更是全省闻名的骡马大会，新疆、宁夏、内蒙等地群马结帮而来，日上市数以千计，为省内最大的牲畜市场。华阴的西岳庙会则是国内有名的药材市场，外省州县药材各行皆至，搭盖席棚，售卖货物。终南山麓下的蓝田县塘子村庙会，以每年三月三和六月十九的最为有名，具有地域性显著、水文化突出、寓教于会的特点，在长期的历史发展过程中形成了独特的人文景观。结合当地的旅游优势和温泉资源，达成了庙会活动和旅游观光、温泉养生良性发展的产业形态。塘子村庙会具有广泛的民众基础，对于外来游客而言，庙会具有旅游观光、温泉休闲与祈福求平安的价值意义；对于当地民众而言，这不仅是社区的节庆，也是乡民的社交和信息的交流活动，是丰富的文化“大餐”，具有很大的凝聚力和感召力；对于地方政府而言，既能够发展地方经济，丰富地方文化生活，又能够扩大地方文化的影响，促进社会和谐。塘子村庙会体现了人与自然的和谐，构建了终南山文化内涵，包含了多样的文化元素，传承了民间传统文化，丰富了当地旅游文化。

（四）神祇崇拜

关中西部地区的周人祖先崇拜起源极早，《史记·封禅书》载：汉高祖五年“或曰周兴而邑邰，立后稷之祠，至今血食天下。”除了邰有后稷祠外，“虢有周文武祠”。周人一向都有祖先崇拜的习俗，故在当地保留了众多的祖先庙宇，以供祭拜，这就是唐人所说的“是知姜嫄有德于周，公刘有德于邠，先贤所出，立祠旧矣”。据周振鹤研究，秦人宗教有集中一地的地理分布特征。秦人生活在与先周相同的地理环境中，秦人这种宗教特点或许是承自先周。如是，则先周时期将祖先庙宇高度集中在凤邠——周原地区亦属当然。随着时间的推移，这种对周人祖先的崇拜蔚为风尚，逐渐发展成这一地区特征性信仰风俗。

唐宋时代，凤邠地区的周人祖先庙香火不减。邠州原已有公刘、姜嫄庙，又于唐“贞元六年十一月九日，作新庙于南郭焉”。宋代“雍熙二年，凤翔奏岐山县周公庙有泉涌”。可见，宋代当地对周人祖先的崇拜毫无消歇。明清时期，对周人祖先的祭祀越发兴盛，区区岐山县就有周人祖先庙。正由于这里对周人祖先尊崇有加，故延至明清时期，凤翔府一带发展成定期举行盛大的周公会，赛神邀福。

秦岭以南地区，即汉中府、兴安府与商州3个统县政区，深受川、楚文化的影响，巫风盛行；又因明清时期各地普遍存在对明官员原杰的崇拜（原杰治理荆襄地区有功，这些地区立祠以示纪念）。地处秦巴山地的汉水、丹水流域，据晋《搜神记》中称：“梁州之民信巫神，好祈雨”，具有典型的亚热带地区鬼神崇拜的风俗特点。至南北朝时期，这里也仍是“好祀鬼神，尤多忌惑，家人有死，辄离其故宅”。宋代，这里虽仍盛行鬼神崇拜，但巫师在信仰生活中的作用似有所减弱，如文献记载汉水流域“信鬼不信巫”、丹水流域“多淫祠”，与前代的记载相比稍有变化。另外，前述《搜神记》中所云梁州之民好祈雨的特点，至北宋时也仍继续保持着：兴元府知府，著名画家文同就多次见到汉中百姓祈天求雨，以求丰稔：“夏雨渴久矣，秋苗忧槁然。至诚通祝版，灵贶逐香烟。桐祓应无讼，囷仓定有年，曹公三大堰，一夜满民田。”陕南地区好祈鬼神的习俗一直持续到近代：汉中地区在清代仍为“崇敬鬼神，以享赛为乐”，而商洛地区最为严重，甚至在历代官员整饬后，仍“老释之宫与不经淫祀所在多有毋犹，而晨夕祗奉，妇孺走祷者常往不绝”。这些记载一方面反映了陕南地区信仰的特点，另一方面也显示了民间信仰顽强的生命力。盛行鬼神崇拜之外，明清时期陕南各地普遍建有原公祠，祭祀明代官员原杰，而这一信仰特点是秦岭以北地区所没有的。

汉高祖庙遍布汉中府各地，除府城南郑外，城固、褒城、沔县、洋县、西乡、宁羌、略阳等县都有分布。与高祖庙同区分布的还有祀萧何的鄼侯庙、张良的留侯庙、韩信的淮阴侯庙与曹参庙。据汉中府各县方志记载，祀萧何的鄼侯庙分布在南郑、城固、褒城、洋县、西乡等县；留侯庙则散布留坝、南郑、城固、西乡、洋县等地；淮阴侯庙同样遍布汉中府各地；只有曹参庙分布地域较狭，仅在南郑、城固、褒城等地修建，并多与萧何同祀。如褒城山河堰，“堰上有汉相祠，祀萧何、曹参二公。”显然是因为曹参较上述各位不太有名的缘故。更为有趣的是，城固自元代起，还建庙供奉项羽。

不仅汉水谷地有汉高帝君臣之庙，即使是清代才开发的秦岭山地也多有分布。道光《留坝厅志》就记载当地有多处留侯张良之庙，“庙台子、紫柏山顶、暨山椒均有留侯祠”。这些地方正位于秦蜀驿道附近，因而也就成为过往行人驻足流连之地，文人骚客多留有诗词。如王士祯就有《紫柏山下谒留侯祠》诗，其云：

万木萧萧风昼吹，深山忽见留侯祠。
清流白石阅今古，雪柏霜筠无岁时。
辟谷真从赤松隐，授书偶作帝王师。
也知鸟喙逃勾践，未屑鸱夷学子皮。

王士祯《秦蜀驿程记》称：“（留侯）祠赵文肃公贞吉《归山诗》碑，临海王恒叔士性和作刻碑。”光绪年间吴焘由关中经栈道入蜀，途经留坝庙台镇时，见到了当地的留侯庙仍“踞林泉之胜”，可知此时庙台镇留侯祠仍受到人们的供奉。这里的留侯庙一般同祀黄石公、赤松子，如王士祯的《紫柏山下谒留侯祠》注曰：相传是辟谷处，并祀黄石公、赤松子。另，陶澍在《蜀輶日记》中也记载道：“庙台子有庙，祀留侯与黄石公、赤松子。”

汉中留坝张良庙

除对汉初君臣崇拜非常普遍外，汉中还多祭奉三国人物，尤其对诸葛亮的祭拜最为虔恭。武侯祠遍布汉中各县，其中以定军山诸葛亮墓所在地的庙宇最为兴盛，内中多有名人碑铭。汉中是三国时魏蜀征战频繁的地区，这给当地民众留下深刻的记忆，加之诸葛亮逝后，“遗命葬汉中定军山”，开始了汉中之民对诸葛氏的祭祀。稍后，在北魏郦道元亦记载沔阳定军山有诸葛亮之庙。直到明代，薛瑄途经汉中时仍见诸葛庙香火旺盛，在其《诸葛武侯庙》中言道：“武侯遗庙汉江南，乔木森森杂翠岚，义感居人犹致祭，名闻过客亦停骖。”

人们不仅在诸葛武侯庙祭祀这位名垂青史的人物，而且其墓也成了后人凭吊的胜迹，王士祯《沔县谒诸葛忠武侯祠》中言：“天汉遥遥指剑关，逢人先问定军山，惠陵草木冰霜里，丞相祠堂桧柏间。八阵风云通指顾，一江波浪急潺湲，遗民衢路还私祭，不独英雄血泪斑。”此外，李云生在《汉南游草》吟道：“大名有诸葛，祠庙沔阳天，独向江声里，言寻墓道来。”汉中地区对诸葛亮的崇拜不仅仅表现在建有众多的庙宇，当地以白布包头的习俗，也被认为是为诸葛亮戴孝所遗。这应是汉中人民对这位功高盖世的名臣最好的祭奠。

另外，西乡与定远还有多处张飞张桓侯之庙：“张桓侯庙，在西乡县治西关外”。定远厅之桓侯庙，则是清嘉庆二十年，定远同知马允刚因西乡有桓侯庙而“定远无祠”，加之修夫子庙后，“尚有余地”，才在定远修建桓侯祠。据称西乡修建桓侯祠是因为“明正统四年，山贼逼邑城，忽大雨，水涌，贼不践而慑。时巡抚蓝璋梦获神助，题清封武义显忠助顺王。建庙，岁以八月祀焉”。这当然是附会之言，不过这也说明了张飞崇拜兴起较晚，直到明代才产生，故分布范围也就极其有限了，清代也只扩散到定远一县。

隐逸脱俗

隐士是中国历史上一个非常独特的文化现象，这些隐士主要不是出于宗教信仰而隐居，而是出于一种政治态度和政治选择，后来就逐渐发展成一种生活方式和人生价值追求，并最终趋向一种审美境界和文化追求。在这个过程中，隐士们以自己的种种价值认定、人生实践和文化创造极大地影响了中国的历史进程和文化传统。终南山景色奇丽幽雅，物产丰富，为隐居其中提供了客观条件。秦汉时期商山四皓先隐居商山，后隐居终南山。汉代张亮功成身退，隐居终南山南麓的紫柏山，前代所遗留的终南山隐逸传统则给唐人提供了隐逸的文化氛围。唐代的终南山诗歌，反映了唐代隐逸与仕宦相结合的特征，同时，也显示出终南山与长安互为表里、相辅相成的关系。

（一）隐逸文化的自然条件

自古文人就与隐逸结下不解之缘。因为中国古代知识分子不可避免地要面对“自然”与“名教”、出世与入世、兼济与独善这个人生哲学中最根本的矛盾，隐逸就是理想与现实、个人与社会矛盾冲突的产物。因而中国形成了复杂博大又源远流长的隐逸文化。从老庄、孔孟开始，我国文人士大夫就在出仕、归隐之间徘徊不定，努力寻找适合自己安身立命的最佳契合点。至东汉中后期，政治腐败，社会黑暗，出于对抗黑暗的社会现实和保全自身的需要，许多士人也走上了隐逸之路。

翠华山

终南山有奇峰秀岭、茂林修竹、繁花蔓草，以不可抗拒的魅力，吸引着唐代的文人，在唐诗中关于终南山秀丽静谧的描述随处可见。在辋川，裴迪与王维共同游玩唱和，《辋川集》中的绝句记载了他们从初居辋川到细游周围景物而彼此唱和的佳作，也记载了隐逸的心情。“落日松风起，还家草露晞。云光侵履迹，山翠拂人衣”，“苍苍落日时，鸟声乱溪水。缘溪路转深，幽兴何时已”“门前宫槐陌，是向欹湖道。秋来山雨多，落叶无人扫”“绿堤春草合，王孙自留玩。况有辛夷花，色与芙蓉乱”，以上诗歌把辋川的优美景色与在山水之中流连忘返的闲适隐居生活淡然描画出来，不事雕饰，清丽喜人。一个仕途不得意却又热爱自然山水的诗人的影子就在诗中淡淡浮现出来。可以说终南山就是一个世外桃源，是古今文人雅士的向往之地，诗人骚客的吟诵之地，更是隐士们的心灵归宿之地。他们在这里或精心修炼，明理悟道，成为一代大师；或潜心修行，等待时机，有朝一日走出秦岭，终成大名，名流百世；或归隐山林，纵情山水，释放自我，悠然自得。王维留下了“君言不得意，归卧南山陲”的佳句。秦岭作为一系列山脉的组成，除了它的自然美景之外，最让人高山仰止的还是它源远流长的隐士文化。从某种意义上说，秦岭是中国传统隐士文化的标志，也是传统归隐文化的发祥地。古人云：“自古神仙出终南”，这句话虽有夸张，但从一个方面说明了古代隐士与秦岭的不解之缘。李贺《南山田中行》曰“秋野明，秋风白，塘水漻漻虫啧啧。云根苔藓山上石，冷红泣露娇啼色。荒畦九月稻叉牙，蛰萤低飞陇径斜。石脉水流泉滴沙，鬼灯如漆点松花。”此诗以鬼仙之笔刻画出月色下南山田野的景色，“佳魄皎然，野风爽朗，水静蛩吟，苔深花湿，芳蕙低垂，流萤历乱，石泉声细，磷火光微。陇上行吟，情思清绝。”雪景中的终南山，“带雪复衔春，横天占半秦”。黄昏的终南山，“青猿吟岭际，白鹤坐松梢。天外浮烟远，山根野水交”描绘了山中的幽远与闲静。终南山下众水环绕的谷口、田野，也令文人流连忘返。如孟郊《终南山下作》“见此原野秀，始知造化偏。山村不假阴，流水自雨田。家家梯碧峰，门门锁青烟。因思蜕骨人，化作飞桂仙”，此处尽显终南山丽景之天成。终南山下的田庄不凭借阴雨，却有来自终南山的源源不断的流水浇灌农田。房屋依傍着翠绿的山峰，门前笼罩着青色的烟霭。终南山碧峰当前，流水环绕田庄，其原野景物之秀、之脱俗，竟引起了诗人的超脱尘世之思。无论是暂时一游的士子，还是长安城中远望山景的仕宦之人，在所作终南山诗歌中都不免抒发出世之思。“南山塞天地，日月石上生。高峰夜留景，深谷昼未明。山中人自正，路险心亦平。长风驱松柏，声拂万壑清。到此悔读书，朝朝近浮名。”孟郊早年在长安屡试不第，年五十始中进士，仕途之路充满心酸，但身处“长风驱松柏，声拂万壑清”的终南山，却抒发“到此悔读书，朝朝近浮名”的感叹。

（二）隐逸文化的社会文化环境

士人由于政治抱负不见重于当局，或者不愿接受某种政治权威的桎梏，而采取消极逃避的办法即到山林里去把自己隐蔽起来，称为隐士。隐士自古有之，而东汉以来，魏晋南北朝的特殊的政治、社会背景则是大量产生隐士、滋长隐逸思想的温床。士人对现实不满而又回天无力，在消极情绪的支配下必然把眼光转向古代的隐士。于是便尽力夸张隐士的清高，所谓“天下有道则见，无道则隐”。古代隐士的特立独行的节操既广为人们所景仰，他们悠游山林的恬淡生活又与一般士人寄情山水的心态十分合拍。于是崇尚隐逸的思想酿成为一时的社会风尚，导致许多人的身体力行。加之当时庄园经济的自给自足，“鸡犬之声相闻，老死不相往来”。就生活需要而言，可以不必仰求外来的物资；就生活环境而言，在当时物质文明不高、人口密度很低的情况下，随处都可以找到充满自然的幽静的世外桃源，为隐居生活提供了必要的条件。

相传西周的开国元勋姜子牙入朝前就曾在终南山的磻溪谷中隐居，后以八十高龄出山，结束隐逸生涯，辅佐武王伐纣，建功立业，成为一代名相；秦末汉初，有东园公唐秉、夏黄公崔广、绮里季吴实、角里周术四位先生，时称“四皓”，先隐居商山，后隐居终南；“汉初三杰”的张良功成身退后“辟谷”于终南山南麓的紫柏山，得以善终；隋唐五代的药王孙思邈，仙家钟离权、吕洞宾、刘海蟾及全真道创始人王重阳等都曾隐居终南山；康熙时期的关中名士李雪木，为逃避清廷的召唤，躲到终南主峰太白山一带，因山中乏纸，他用槲叶写文题诗，竟至收集成《槲叶集》。至民国时期，大居士高鹤年先生晚年也曾在终南山的嘉五台和南五台结茅蓬访道修行，他隐居的茅庐犹在。

姜子牙钓鱼台

唐代的都城长安，乃中央政府所在之地，有极大的凝聚力，加之科举制度之号召，四方士子欲振名誉者，往往“抱负典籍，云会京师”。而终南山与长安一脉相连，处于“天子脚下”的优越的地理位置，在文人举子的眼里，与帝都紧密相连的终南山也具有了长安文化属性，因而终南山也有了一抹权利色彩。唐太宗在贞观十五年的《求访贤良限来年二月集泰山诏》中说“尚恐山林薮泽，藏荆隋之宝；卜筑屠钓，祖萧张之奇。是以躬抚黎庶，亲观风俗，临河渭而伫英杰，眺箕颍而怀隐沦”，他们认为山林泽薮之中，有治理国家的“荆隋之宝”，对皇帝的正确领导会大有裨益，所以君王不遗余力地礼贤隐士，力求做到野无遗贤。当然，此举还有喻示君王圣明、时代太平的用意。因为中国古代社会传统的政治价值观念是“为政以德，德治天下”。作为这种政治价值观念的集中表现就是儒家的“仁政”理想，它要求君王道德高尚，教化天下。连藏身掩迹在野的人都能得到奖掖礼遇，足见君王之仁厚。因此，终南山在文人心中被烙上了政治权利色彩，甚至从某种程度上说，它也成了王权和朝廷的象征。而帝王对隐士的征召、优渥也直接助长了“终南”隐逸之风的兴盛。

在唐初统治者“屡造幽人之宅，坚回隐士之车”、礼遇隐士的背景之下，终南山中也屡有像卢藏用这样的隐士因“终南捷径”而被统治者提携的例子。据《资治通鉴》载，“卢藏用始隐于终南山中，中宗朝累居要职。有天台道士司马承祯者，睿宗遣至京，将还，藏用指终南山谓之曰：‘此中大有佳处，何必在远？’承祯徐答曰：‘以仆所观，乃仕宦捷径耳。’藏用有惭色”。可见终南之隐之所以能如此盛行，根本原因是此乃一条仕宦的捷径。唐代的司马承祯、吕向、王知远、李泌、潘师正、李渤等人就是通过这种方式走上仕途的，他们隐逸的目的就是求取仕途功名，隐逸成为通往功名的一条道路。这样的文人在唐代比比皆是，这也构成了唐代隐逸的一个独特面貌，其隐逸主体是众多踌躇满志渴望功名的文人士子，他们“身在江湖之上，心游魏阙之下，托薜萝以射利，假岩壑以钓名，退无肥遁之贞，进乏济时之具”。如孟浩然、储光羲、岑参等人，而李白是走终南捷径的突出代表。

隐居终南山，一方面能提高名声，有更多仕进的机会；另一方面，客观上又确实能得到高人和大师的指点，读书习业，不断进步。刘昚虚《寄阎防（防时在终南丰德寺读书）》中道：

青冥南山口，君与缁锡邻。
深路入古寺，乱花随暮春。
纷纷对寂寞，往往落衣巾。
松色空照水，经声时有人。
晚心复南望，山远情独亲。
应以修往业，亦惟立此身。
深林度空夜，烟月资清真。
莫叹文明日，弥年徒隐沦。

此诗记载了当时阎防在终南山中的寺院习业的情况。唐代文人参加一次科举，步骤多，程序复杂，在路上所需耗的物资、时间都过长，因此对于科举的执著者而言，他们饱尝了颠沛流离的心酸滋味，暂栖于离长安最近的终南山中，复习、备考、等候消息，也是不错的选择。李白春归终南山，云“且复命酒樽，独酌陶永夕”。落第失意的诗人在面对终南山时抒发隐逸之思，并不代表与仕宦的决裂，相反，终南山与长安的相对应的地理位置、清幽的景色、山中众多的佛寺道观，都为士子隐居或攻读提供了最佳环境，身处其中，士子反而是一种待时而出、待价而沽的心态。

（三）隐逸文化的意境

中国人自古以来就有择吉的心理，这种选择无非是在时间和空间两个方面进行选择。毫无疑问，“卜居”属于后者，是一种对于理想居住空间的选择（古人所言的“卜居”就是择地居住或占卜择定建都之地，早在《史记·秦本纪》中就有卜居的相关记载）。

自王维选辋川作别墅以来，辋川成为历代骚人韵士寻幽觅古之地。辋川山谷，湿气较重，常形成雾气如炊烟。细雨之时，薄雾缭绕山顶，飘荡幽谷，轻湿如梦，迷情渺渺。明李进思诗云：“柳烟桃雨辋川天，书诗千年宛自然。莫道右丞遗迹远，看来只在小亭前。”因辋川烟雨景色奇妙，成为蓝田八景之一。试想一个人常年居住在这样一个“溪边物色宜图画，林伴莺声似管弦”的环境里，浸润于文化传统影响的自然山林之中，除了产生“物我两忘”的错觉外，更主要的收获仍然是自然的形貌唤起的表现欲望。“心放于造化炉锤者，遇物得之，此其为真画者也”的这种说法表明了自然的力量。为了自我解脱而饮酒、服食放浪形骸，这些行为都无非是想要暂时摆脱名教礼制的约束。对于名士们来说，最好的精神寄托莫过于到远离人事扰攘的山林中去。在战乱频仍、命如朝露的严酷现实生活面前，又迫使他们对老庄哲学“无为而治、崇尚自然”的再认识。所谓“自然”即否定人为的、保持自然而然的状态，而大自然山林环境正是这种非人为的、自然而然状态的最高境界。再者，玄学主张返璞归真、佛家的出世思想也都在一定程度上激发人们对大自然的向往之情，促使他们投身于大自然的怀抱。名士们既倾心玄、佛，又经常通过“清谈”来进行理论上的探讨，从哲学本体论的角度着重探索“自然”与人的关系，论证人必须处于自然而然的无为状态才能达到人格的自我完善，把古老的“天人合一”的哲理推向更深化的层次。当时的名士们都认为名教礼法是虚伪的表征，在以名教礼法为纲的充满了假、恶、丑的社会中要追求一种真、善、美的理想的现实是根本不可能的，只有大自然山水才是他们心目中的真、善、美的寄托与化身。在他们看来，大自然山水是最“自然”的，是最“真”的，而这种“真”表现为社会意义就是“善”，表现为美学意义则是“美”。

远眺终南山

李白与终南山的结缘，是在开元十八年（730 年）秋季前后，两次来到当时唐皇室宗庙的楼观台宗圣观和玉真公主别馆。他第一次是与友人游山赏景、唱酬吟和而来，并呈送《玉真公主词》，以及一系列表达进取、希冀提携的赠友唱和之诗，突出浓厚的述志寄愿的理想：

暮从碧山下，山月随人归。

却顾所来径，苍苍横翠微。

相携及田家，童稚开荆扉。

绿竹入幽径，青萝拂行衣。

欢言得所憩，美酒聊共挥。

长歌吟松风，曲尽河星稀。

我醉君复乐，陶然共忘机。

这首《望终南山过斛斯山人宿置酒》描绘了一幅淡雅的风俗画，诗中有画，画中有诗，画中有动，动中有静，静中有情，浑然天成的凝练镜头，组合出丰富的审美小景。美的意境造成人性复归的自然情调，类似“武陵源”的“卧白云”之境界，似乎已达到诗人所追求的那种“陶然共忘机”的理想境地。

出门见南山，引领意无限。

秀色难为名，苍翠日在眼。

有时白云起，天际自舒卷。

心中与之然，托兴每不浅。

何当造幽人，灭迹栖绝巘。

这首《望终南山寄紫阁隐者》更进一层地把终南山洞天福地的神仙境地描绘得无与伦比。那种“意无限”“难为名”的幽深玄妙景象，只缘身在其中，才有兴趣和心境去感悟；而所造访的幽人，是在没有人栖息的绝壁山峰。这种自由隐居的生活乐趣，不也正是李白所向往追求的真实么？这两首小诗言有尽而意无穷，把那种人性的复归，自然的本心流露，平凡而透彻地表达出来了。

笔底春风

中国是诗歌的王国，而山水诗又占着相当大的比重，是诗歌创作中的一朵奇葩。山水诗包括“游仙诗”，即以山水风景的自然景观和人文景观为题材和描写对象，还涉及旅行、送别、隐逸、宦游、求仙、访道、咏怀、吊古等，同时也反映作者的思想面貌、精神品格、生活情趣和审美理想，从中不难看到当时人对大自然山水风景的评价、构景规律的认识、景观特征的概括及美学内涵的揭示，也能够看出佛禅、道教对文学艺术的影响情况。

中国文学史上，描写终南山的诗人，描写终南山的佳作都很多，第一部诗歌总集《诗经》里的《秦风·终南》曰：“终南何有？有条有梅。君子至止，锦衣狐裘。颜如渥丹，其君也哉！终南何有？有纪有堂。君子至止，黻衣绣裳。佩玉将将，寿考不忘！”这首诗借助对君子外貌服饰的描绘，赞美君子的品德。

“上帝临女”是西周《诗经》的著名歌唱，也是周王朝取得天下的历史歌声，后来成为华夏文明体味命运的感恩歌颂。“上帝临女”分别出现在《诗经》的《大雅》和《鲁颂》中。《大雅·大明》唱到：

明明在下，赫赫在上。

天难忱斯，不易维王。

天位殷适，使不挟四方。

挚仲氏任，自彼殷商，
来嫁于周，曰嫔于京。
乃及王季，维德之行。
大任有身，生此文王。
维此文王，小心翼翼。
昭事上帝，聿怀多福。
厥德不回，以受方国。
天监在下，有命既集。
文王初载，天作之合。
在洽之阳，在渭之涘。
文王嘉止，大邦有子。
大邦有子，俔天之妹。
文定厥祥，亲迎于渭。
造舟为梁，不显其光。
有命自天。命此文王。
于周于京，缵女维莘。
长子维行，笃生武王。
保右命尔，燮伐大商。
殷商之旅，其会如林。
矢于牧野，维予侯兴。
上帝临女，无贰尔心。
牧野洋洋，檀车煌煌。
驷騵彭彭，维师尚父。
时维鹰扬，凉彼武王。
肆伐大商，会朝清明。

在这首著名的《大雅》中，“天”与“上帝”是最高的命运主体和信仰对象。“天”出现了6次，“上帝”出现了2次。“上帝”是从殷商承接过来的概念，“天”则是周人自己的信仰对象。周人信仰的“天”和殷商信仰的“上帝”的区别是：“天”有自然性，具备普遍品格；“上帝”有祖先性，是专属对象。周人取得天下后，既用殷商信仰的“上帝”概念，又使用他们自己“天”的言说。正是在对“天”的虔诚仰望和巨大情感里，秦岭终南山开始“绵绵瓜瓞”地被深情凝望和歌唱。《诗经》说得好：“天作高山，大王荒之”啊！“高山”一方面直接是“天”的造化产物，获得与分享周人的虔诚仰望和巨大情感，另一方面周王可以致力拓荒，是天人合作的崇高境域，可以极大丰富对“天”的信仰言说。这就是《诗经》那么多诗篇歌唱终南山的原因。“上帝临女”本来是周王的自我意识和信仰激励，由于“天”的中介牵引，而成了对“山”的深情凝望和无比歌颂。这个“山”，就是终南山啊！《诗经·鲁颂》也唱到：“后稷之孙，实维大王。居岐之阳，实始翦商。至于文武，缵大王之绪，致天之届，于牧之野。无贰无虞，上帝临女。”

《诗经·豳风》中的《七月》，是记录秦岭关中物候的重要诗篇。《车邻》是《诗经·秦风》的首篇，也是秦岭的爱情之歌。其中的“既见君子，并坐鼓瑟”，3000年后，在今日的秦岭终南山田峪山歌，可见悠远遗风。《秦风·蒹葭》也是一首爱情诗篇。其“蒹葭苍苍，白露为霜”的自然幽美，其“所谓伊人，在水一方”的爱情优美，其“宛在水中央”的水天一色与距离审美，道出了恋爱哲学的基本心态和全部奥妙。《秦风·蒹葭》永恒感人，魅力之巨大，直至20世纪80年代，林兴宅在《艺术魅力的探寻》中，仍将《蒹葭》作为经典文本个案。《秦风·终南》中“终南何有？有条有梅。君子至止，锦衣狐裘。颜如渥丹，其君也哉！终南何有？有纪有堂。君子至止，黻衣绣裳。佩玉将将，寿考不忘！”《小雅·南山有台》中“南山有台，北山有莱”，《节南山》中“节彼南山，维石岩岩”，《尔雅·天保九如》中“如月之恒，如日之升，如南山之寿，不骞不崩”，直接以南山为诗歌篇名，也是研究秦岭人文地理的历史名篇。

（一）南北朝文学中的终南意象

文学依靠形象反映生活，形象不仅是作家借以表现生活，抒写内心活动的途径和方式，也是读者理解作品意图，追溯作家创作动机的凭借和对象。就文学创作过程而言，作家要考虑的是，如何做到意与形的结合，使形象更多地包容作家的思想感情，并通过形象传递出更为丰富、深邃的人生境界和社会蕴含。借用“意象”一词，不是指意中之象，而是一种主体之意（情）的客观化、对象化了的形象，中国的名山大川往往被赋予了一定文学意象，创作出大量的山水文学作品。

陶渊明（约365—427年），字元亮，号五柳先生，谥号靖节先生，入刘宋后改名潜。在东晋南北朝时期，陶渊明是普通知识者的一员。“悠然见南山”中的“南山”，是确指还是泛称？如果是确指，陶诗的“南山”是指哪一个山脉呢？陶渊明做过彭泽县令，并隐居于庐山下，“南山”应该指称庐山吧。然而，就是明言武陵的《桃花源记》，史学大师陈寅恪认为，其实指部分在中国北方，具体位置应该是陕西商山，即秦岭山系。对于陈寅恪先生的考证，汪容祖教授等学者认为是“百无一失”的。因而，“南山三见”，是陶渊明的“心中山”，属于人文地理，并且指涉人文本体境界。它与秦岭的历史文化，渊源殊深。在“悠然见南山”里，陶渊明创造性地把与秦岭密切相关的“南山”概念，提高到了“真理”世界和“超语言境界”：“此中有真意，欲辩已忘言”。除了“寿比南山”“南山之寿”的《诗经》歌声，还有他对《山海经》的热爱以及天师道的信仰，也将秦岭终南山与陶渊明的“南山之见”紧密相连。作为“中古之大思想家”，陈寅恪先生指出，陶渊明“外儒而内道，舍释迦而宗天师道”。庐山因僧侣“结庐”于山顶而得名，陶渊明却是“结庐在人境”。佛教是“无生”莲花，陶渊明是长寿菊花。“采菊东篱下，悠然见南山”——无论是地望、感情还是信仰，都与庐山无关。从“眼中山”地望看，应该是赣南龙虎山（天师道）；从精神信仰来看，是神话昆仑山，包括秦岭终南山。陶渊明诗云：“黄铸之商山”“商山有多歌”“路若经商山，为我少踌躇。”另外，陶渊明写有《谈山海经》13 首诗作，其天师道信仰宛然。其中的“泛览周王传，流观山海图”，其“玉台凌霞秀，王母怡妙颜”，其“西南望昆墟，光气难与俦”，皆西秦岭故事。陶渊明笔下的南山并不以它与外在对象的相似性而获得自身的价值，关键在于意象的主客体相互交融的程度，以及透过意象所暗示的象征意义与心理空间，是摆脱世俗羁绊后的一种闲适与悠远的生活意境。南北朝山水文学的巨擘、北周的庾信写了一首《陪驾幸终南山和宇文内史诗》曰：

玉山乘四载，瑶池宴八龙。
鼋桥浮少海，鹄盖上中峰。
飞狐横塞路，白马当河冲。
水奠三川石，山封五树松。
长虹双瀑布，圆阙两芙蓉。
戍楼鸣夕鼓，山寺响晨钟。
新蒲节转促，短笋箨犹重。
树宿含樱鸟，花留酿蜜蜂。
迎风下列缺，洒酒召昌容。
且欣陪北上，方欲待东封。

庾信的这首诗描绘了山、湖、桥、瀑布、寺庙、晨钟、花、鸟等，详细地描绘了终南山的各种景色，是一幅终南全景图。其中所反映的诗人意气奋发的心情及与朋友相聚时的欢愉不是直接说出的，而是选择了一种与之有联系的景物，形成一种特殊的意境，从而间接地抒写内心。

朱雀森林公园

（二）唐宋诗中的终南意象

《全唐诗》中，吟咏终南胜景的绝唱不下数百首，在《全唐诗》集2200多名诗人中，到过终南山下的蓝田游览、旅居或者任官者就有230多位，留下了近400首传世之作和脍炙人口的著名诗篇。德国著名的汉学家顾彬有《空山——中国文人的自然观》一书，他说，就唐诗而言，最能够写出山的空寂、空旷和空灵的人，首推王维。通过王维的“空山”——《辋川集》，我们可以看到一位盛唐大诗人的山水意识和秦岭世界。全唐诗卷一太祖李世民的《望终南山》：“重峦俯渭水，碧嶂插遥天。出红扶岭日，入翠贮岩烟。叠松朝若夜，复岫阙疑全。对此恬千虑，无劳访九仙。”祖咏的《望终南余雪》：“终南阴岭秀，积雪浮云端。林表明霁色，城中增暮寒。”孟郊、贾岛、杜牧、钱起、卢纶也写了许多描写终南山的诗作。

《辋川志》称：“辋川形胜之妙，天造地设，前古籍无载，无所于考，至唐宋之间侨寓于斯，辋川之名始闻，继而王维作别业于斯，辋川之名始胜。”王维在此隐居期间与很多的文人有过交游和唱和活动，据《唐诗纪事》卷一六载：“迪初与王维、崔兴宗俱居终南。”裴迪和张湮二人曾共事荆州长史张九龄幕府，后来共同隐居终南山，和王维结识。裴迪自从遇到王维后，他的人生道路就有了很大的改变。

裴迪与王维唱和的诗作有：《春日与王右丞过新昌里访吕逸人不遇》《辋川集》《辋口遇雨忆终南山因献王维》《与卢员外象过崔处士兴宗林庭》，崔兴宗《酬王维卢象见过林亭》“穷巷空林常闭关，悠然独卧对前山。今朝忽枉嵇生驾，倒屣开门遥解颜”。《辋川集》正是这种大空境界的体现。胡应麟在《诗薮》内编卷六曰：“右丞《辋川》诸作，却是自出机杼，名言两忘，色相俱泯。”王士祯《蚕尾续文》曰：

“严沧浪以禅喻诗，余深契其说，而五言尤为近之。如王、裴辋川绝句，字字入禅。”

另外，这一时期大诗人杜甫也曾造访过王维。闻一多《少陵先生年谱会笺》云：“乾元元年六月……是秋，尝至蓝田县访崔兴宗、王维……”但是，杜甫的这次来访并未见到王维，这从他的诗中可以看出，杜甫《崔氏东山草堂》云：“爱汝玉山草堂静，高秋爽气相鲜新……何为西庄王给事，柴门空闭锁松筠？”后来杜甫又在《解闷十二首》中写道：“不见高人王右丞，蓝田丘壑蔓寒藤。”

［唐］王维《辋川图》

王维秦岭南山诗的最大特点便是“灵性”与“空悟”。在王维的诗里，秦岭就是一座“灵山”与“空山”。在《山居秋暝》中，以“空山新雨后，天气晚来秋”，写秦岭的空灵。在《终南别业》中，以“空居法云外，观世得无生”，写秦岭的空悟。在《终南别业》中，以“空居法云外，观世得无生”，写秦岭的空观。在《鹿柴》中，以“空山不见人，但闻人语响”，写秦岭的空寂。在《哭孟浩然》中，以“故人不可见，江水日东流”，写江水的空茫。在《赴上洛》中，以“野花开古戍，行客响空林”，写商山的空林。在《终南山》中，以“白云回望合，青霭入看无”，写终南的空慧。大乘佛教的《大智度论》有28空，诗佛王维于秦岭终南山，也完成了他自己28空的辋川世界。在盛唐文豪中，王维被誉为“诗佛”。

终南山在王维的《山居秋暝》中，不再是传统的“悲秋”与“愁”，而成为“空山”与“美”。这既得自于盛唐社会的开放，也有赖于诗人内心的超脱自由。与《山居秋暝》相同的，还有《早秋山中》与《奉寄韦太守陟》，主题皆“空山”之美。《奉寄韦太守陟》略有不同，已不是“空山”，而是“万里山河空”，是“故人不可见”

的寂寞、思念与深情。《早秋山中》与《山居秋暝》也略有不同，这是一首七言律诗。“七言”相比“五言”，一般总能把诗歌内涵说得更清楚一些，更具体一些；《早秋山中》较之于《山居秋暝》，正是如此：“无才不敢累明时，思向东溪守故篱。岂厌尚平婚嫁早，却嫌陶令去官迟。草间蛩响临秋急，山里蝉声薄暮悲。寂寞柴门人不到，空林独与白云期”。王维的《哭祖六自虚》中“念昔同携手，风期不暂捐。南山俱隐逸，东洛类神仙。”韩愈的《左迁至蓝关示侄孙湘》中“云横秦岭家何在，雪拥蓝关马不前。”李白的《望终南山》写出了终南山审美与宗教的两种无限性，李世民的《望终南山》写出了山河社稷的双重王风御气，王维的《终南山》则写出了终南山的神圣与神妙感。以“太乙近天都，连山接海隅”的起句，就透出神圣感情：“近天都”，还有比这更高、更神圣的山吗？在这种神圣感情的影响下，王维写终南山的广远，就用了一句“连山接海隅”，而张乔写的是“横天占半秦”。“占半秦”虽有夸张，仍是常识理性描述。“接海隅”则是神圣无限性感情。“白云”到“壑殊”，则是从神圣感过渡到神妙性描写：“回望合”“入看无”，写诗人被终南山的神妙性吸引住了——白云哪，刚才还飘逸两处，现在回望已经“相合”。“回望”表明对白云之“合”的期待意向，期待“白云”合成什么呢？白云现在又合成什么呢？白云现在合成的形象与诗人期待白云合成的意向，两者之间“相合”吗？

宋代名相寇准游历长安后，对长安星罗棋布的著名寺院尤其是城南樊川八大寺院留下了深刻印象，写下了《忆樊川》诗：“闲想旧游都是梦，别来秦树又西东。高秋最爱樊川景，稻穗初黄柿叶红。”欧阳修写有《蓝田》诗：“归轩才入蓝田关，逢人先问蓝田山。右丞旧墅已陈迹，荒途虎迹稀人烟。古城尚照古时月，但有辋口无沦涟。宫槐文杏总芜没，畴复知有开元年。浮方变灭一转眼，古今同尽谁愚贤。驻颜餐玉亦虚诞，祇今何处求琼田。”韩琦《送秋马上始见终南》：“终南频月晦峰峦，一雨民心万事宽。就彻旱苗充岁望，洗开山色与人看。半天横示全秦壮，积雪高连太白寒。欲识众多欣幸意，送秋歌舞满长安。”苏舜钦到唐代著名的贵族区樊川游历后留有《题留樊川李长官庄》：“杜曲东边风物幽，我来系马独淹留。门前翠影山无数，竹下寒声水乱流。酒压新尘常得醉，花开番次不知秋。主公堆案萦官事，早晚归来今白头。”他在蓝田写有《独游辋川》和《蓝田悟真寺作》等诗作。司马光写有《送黄甫寺丞穆知蓝田》诗：“南山三辅剧，百里古诸侯。谁谓弦歌小，可分宵旰忧。烟横辋川暝，云照武关秋。安得无羁连，从君一纵游。”

终南山是中国诗歌的发祥地，在先秦的《诗经》中不乏吟诵终南山的名篇。《秦风》里的《终南》诗题；《小雅·天保》以“如南山之寿”“如松柏之茂”喻人事；《小雅·节南山》又以南山起兴，斥讽权贵。可以说在《诗经》时代，终南山已是周人们动于情而发于言、咏于歌的常用意象，因而它成为中国最富于诗味的名山之一。在它那里成就了中国诗文化的根基。在唐代，终南山成为诗歌创作的思想源泉之一，留下了绚丽多彩、数量庞大的诗歌，为唐代文学增添了靓丽的一笔。终南山，作为自然特征层面和民间约定俗成的南北分界线，它的文学意义超越了行政区域划分层面的南北之界的意蕴，而被文人视为精神的家园。

匠心独具

（一）建筑艺术

城市是随着时代和经济的发达而逐渐兴起的，因此城市就自然成为一个地区或一个国家的政治、经济、文化中心。古代帝王，无不重视王都的选择和营造，周人祖先公刘，因避夏桀之乱，带领周氏族由邰（今陕西杨凌西北农林科技大学南古邰遗址）迁邠。公刘是后稷的后代，在发展农业上有贡献，他迁至邠原后，一方面带领百姓开荒种田，一方面营建宫室。《诗·大雅·公刘》有“笃公刘，于豳斯馆。涉渭为乱，取厉取锻。止基迺理，爰众爰有”的记载，描写公刘在邠原营建宫室的情景，因当地木材、石料缺乏，公刘趟过漆水，南渡渭河，到南山取材建宫，这应该是周人建宫的最早记载。

公元前 221 年，秦始皇实现了“六王毕，四海一”的宏愿，建立了中国历史上第一个统一的中央集权的封建王朝，自己做了君主，称“始皇帝”。《史记·秦始皇本纪》载：“咸阳之旁二百里内，宫观二百七十，复道甬道相连，帷帐钟鼓美人充之，各案署不移徙。”这段文献资料所提供的“宫观二百七十”的数字很具体，后人实在无法考证其确切的程度。但这数百座宫观分布范围较广，其中很大一部分都是先王时期所建，秦王立都以后，曾扩大和增修了先王的宫殿规模，使咸阳呈现出宫阙楼台蔚为壮观的图景，恰如唐代诗人李商隐《咸阳宫》一诗所描写的那样：

咸阳宫阙郁嵯峨，六国楼台艳绮罗。

自是当时天帝醉，不关秦地有山河。

阿房宫是秦朝的宫殿，但是它到底是从什么时候开始修建的却一直没有引起人们足够的重视。很多学者认为阿房宫修建于秦始皇统一六国之后，始皇去世后二世又继承了父亲的遗志，可惜秦朝早亡，阿房宫在短短的几年内毫无可能建成。事实上阿房宫从战国秦惠文王时就开始修建了，史书上多处对此都有记载。班固的《汉书五行志》中，有“秦惠文王初都咸阳，广大宫室……复起阿房，未成而亡”的记载。《三辅黄图》中，有“阿房宫，亦曰阿城，惠文王造。宫未成而亡，始皇广其宫，规恢三百余里，离宫别馆，弥山跨谷，辇道相属”的记载。秦阿房宫极有可能得到修缮，所以两汉以后才频频出现阿房宫投入使用的记载。王莽时期曾拆除上林苑中的离宫别院，将建筑材料挪作他用，后赤眉起义，上林苑饱受战火摧残，《西都赋》曾说：“徒观迹于旧墟，闻之乎故老”，可见东汉初期上林苑的建筑多被毁坏。南北朝时阿房宫又被修作为寺庙，阿房宫因其宫墙高大多被人称为阿城，唐代还曾在此屯兵。至宋代，阿房宫渐被废弃，部分遗址变为农田。

[清] 袁江《阿旁宫图》(故宫博物院藏)

唐华清宫位于今临潼县骊山北麓，相传西周末周幽王曾于此地修建“骊宫”。其时之汤泉“上无尺栋，下无环墙”，沐浴时可见星辰，故名“星辰汤”。秦始皇时，于此“砌石起宇”，名“骊山汤”。汉武帝时扩建为离官。北周武帝时造“皇堂池”。东汉张衡“适骊山，观温泉，洛神井，风中峦，壮厥类之独美，思在化之所原，美洪泽之普施”，因感慨骊山得天独厚的地理环境及温泉离宫之盛，而作《温泉赋》，赋中云：“控汤谷于瀛洲兮，濯日月乎中营。荫高山之北延，处幽屏以闲清。于是殊方交涉，骏奔来臻。士女晔其鳞萃兮，纷杂沓其如烟”，寥寥数语，尽将汉时骊山温泉秀美深幽的自然风景以及当时热闹的景象泄于笔下。隋文帝时期，除大兴“屋宇”之外，又在山上种植“松柏千株余”，进一步改造、美化了骊山温泉的自然环境。

隋文帝开皇三年（591年）重加修饰。唐太宗贞观十八年（664年）营建宫室楼阁，取名“汤泉宫”。唐高宗咸亨二年（671年）改名“温泉宫”。唐玄宗天宝六年（747年）大加扩建，“修汤井为池，环山列宫殿，宫周筑罗城”，改名为“华清宫”。天宝十五年（756年）安史之乱起，华清宫于兵火中荡毁殆尽。

在唐代的众多皇帝中，玄宗对于骊山温泉的偏爱可以说达到了极致。结合史书来看，玄宗除了大肆扩建，修汤井为池，环山打造极其奢华的宫室之外，更将华清宫视为沐浴游玩，乃至于处理政务、听政受朝之地。唐玄宗和臣工赋诗唱和。对于骊山温泉，玄宗曾有诗写道：“桂殿与山连，兰汤涌自然。阴崖含秀色，温谷吐潺湲。绩为蠲邪著，功因养正宣。愿言将亿兆，同此共昌延。”诗中虽并未选择恢宏壮阔的意象，却自然清丽，既表明了骊山温泉的自然优势，更借温泉“滋润”之意，表达自己渴望恩泽万民的愿望。

终南山建筑艺术除宫室之外，还有寺庙和道观，唐代都城长安是唐帝国的核心，是政治、经济、文化的中心，同时也是宗教中心，而坐落在长安城南不远处的终南山是唐代宗教名山，山上寺庙、道观众多。作为“大历十才子”之一的卢纶的《题悟真寺》：“万峰交掩一峰开，晓色常从天上来。似到西方诸佛国，莲花影里数楼台。”同样白居易有一首长诗《游悟真寺诗》（一百三十韵）对悟真寺的建筑格局和细节的描述反映了悟真寺所具有的高超建筑技术和浓厚的宗教氛围：

前对多宝塔，风铎鸣四端。
栾栌与户牖，恰恰金碧繁。
云昔迦叶佛，此地坐涅槃。
至今铁钵在，当底手迹穿。
西开玉像殿，白佛森比肩。
斗薮尘埃衣，礼拜冰雪颜。
叠霜为袈裟，贯雹为华鬘。
逼观疑鬼功，其迹非雕镌。
次登观音堂，未到闻栴檀。
上阶脱双履，敛足升净筵。
六楹排玉镜，四座敷金钿。
黑夜自光明，不待灯烛燃。
众宝互低昂，碧珮珊瑚幡。
风来似天乐，相触声珊珊。

白居易用很长的一段来描述在悟真寺各个佛殿的游览，用极具华丽的语言描写了悟真寺内各个大殿的建筑，以及殿内的陈设，特别是对殿内供奉的佛像，给予了极其传神、细致的描写。“叠霜为袈裟”是写佛像的衣着，“贯雹为华鬘”写的是佛像身上戴的花串，而且佛像做得极其逼真，让人怀疑这是人力所不能为的。“六楹排玉镜，四座敷金钿。黑夜自光明，不待灯烛燃”。王维《游化感寺》中有“翡翠香烟合，琉璃宝地平。龙宫连栋宇，虎穴傍檐楹”的描写，这些资料都说明在唐代这些寺庙规模宏大，佛殿的装饰金碧辉煌，显示了寺庙建筑的高超的艺术品质。

（二）绘画艺术

唐代是终南山历史地位最为彰显的时期，也是终南山水被各种文学艺术作品广泛称道的时代。王维基于终南山辋川山水创作的诗歌及绘画作品，标志着唐人对于山水审美趣味的转向。其山水诗画的开拓与创新，特别是水墨画风，影响了中国古代山水画的发展方向与演变进程。唐长安所在之关中，长期为唐帝国文化政治的中心，同时也是文学艺术之渊薮。山水画在唐代已经形成了独立的画科，其表现仍然是根源于对特定地方实景的描绘。终南山作为同时拥有南、北两种气候地理类型特点的山脉，孕育了南北两种风格迥异的画风。这一时期的许多文化名人都介入到山水画创作之中，使山水画出现了不尽相同的面貌。特别是那些隐居于终南山水间的文人高士们，以不同的观念和志趣，推动了唐宋山水画的演变进程。可以说，终南山是整个唐宋山水画演变过程的重要策源地，其历史地位的变化也显示出山水画演变的趋势与方向。终南山秀丽与险峻并在，每个人都能从这里生发不同灵感、汲取各自的创作素材。

在绘画艺术高度发达的盛唐时期，怎样如实地表现真山真水则成为了画家们关注的突出问题，唐人张乔就深感“气状杳难图”的无奈。终南山独特的自然地理优势古往今来都是长安居民们游览的胜地，这里是他们最为熟悉的山水所在。作为文化精英阶层一员的王维立足于终南山水的创作，符合这种“图真”的时代要求，也极易得到人们的认同。王维崇尚山水隐逸，闲适冲澹，大雅懿深，其山水画便具有一种超凡出尘的意趣。从现存唐宋人观王维图的记载看，王维的画是非常注意写实的，既注重对景物的精确描绘，又善于融入抒情主人公的思想感情，创造优美的意境。

王维作为归隐终南的南宗鼻祖，凭借其全面的综合实力介入到山水创作之中，他立足于终南山水独特的地理形貌，身体力行地促进了山水诗画的融通。他的努力扩大和丰富了山水画中的人文精神内容，为山水画的“意境”追求奠定了基础，丰富了手卷平远山水的表现意韵，并且为后代画家们提供了可供具体操作的构图方法与水墨表现样式。特别是为立轴全景山水的出现直接作出了理论上的准备，提供了思路，其具有争议的传世作品《雪溪图》极具代表性。

［唐］王维《雪溪图》

《雪溪图》构图平远，可分为近景、中景、远景三段。近景左下方一座披着素纱的木拱桥把人们引入到冰雪天地；中景是一条结冰的大河，横卧在画卷中部，水平如镜，波澜不兴；远景，河对岸雪坡、树木、房舍等平卧于黑水之上，掩映于茫茫白雪之中，使画面更加深远。纵观全图，可使观者沉浸在一片宁寂的山村境界之中，仿佛有雪花飘落和行人脚步声悄悄传入耳畔。此画无款，有宋徽宗赵佶题字“王维雪溪图”，故长期以来认为是王维唯一的山水作品流传至今。元代画家吴镇题《草书题王右丞雪溪图诗二首轴》，诗曰：

绕径沾衣湿，登台试屐危。
乾坤增壮观，江海得深期。
历乱瑶华吐，纷披玉树枝。
精微谁与并？顾陆颇相宜。

碧树拥江扉，朱帘卷翠微。
崇朝无客过，傍晚有渔归。
岭耀梅重白，堤萦絮正飞。
若留清夜赏，铅粉更光辉。

诗中除了对《雪溪图》的品评外，也赞扬了王维高洁的人格和生活的情趣。

五代宋初山水画在不同地域画家对自然山水空间、笔墨技巧与表现画面意境等不同的认知下，均较唐代有了较大的发展，并最终形成了代表典型地域环境特色的南、北两大画派。两大画派虽然风格迥异，但是它们均以终南山作为形成的基础，使得终南山有了南、北两种画派的发展脉络。不论是南宗与北宗、水墨与青绿，还是其他涉及唐宋山水画理论的类型研究，大都无法规避终南山水的影响。

五代后唐之后，长安城废不为都，但终南山作为文脉的影响力还存在。北宋的统一也使终南山的人文传统得到了一定的恢复。关仝、范宽等隐居于此，进一步开拓了全景山水画的表现，使水墨山水画取代了青绿山水画的主流地位，中国山水艺术精神也终于确立了自己最合适的艺术表现形式。王维、范宽对于终南山水的描写，得以唤起人们对于历史、文化的联想，山水画因此在再现地方实景的基础上，被赋予了画外之意。

范宽长期生活在陕西终南太华山林之中，深入观察北方山川景物的真实面貌，善画山水，重视写生。其为人风仪峭古，磊落不拘世俗。其作品大多气魄雄伟，境界浩莽，雄阔壮美，墨韵浓厚，笔力鼎健。晚年卜居终南太华，置身自然，尽得画意。其画风对后世影响极大。对于范宽《溪山行旅图》以秦陇山水作为创作蓝本的定论，已经广泛被学界认可，但是对于更为具体的创作取材之处，却说法各异，莫衷一是，有学者从山体形态上分析认为《溪山行旅图》中的山体形态与耀县附近的山体相似，应为范宽山水表现的母题。

［北宋］范宽《溪山行旅图》

画中山石下笔劲直，作者先用粗笔重墨侧锋勾勒出山岩峻峭刻削的边沿，然后反复地用坚劲沉雄的中锋雨点皴（俗名芝麻皴）塑出山石岩体的向、背纹和质感量感。在轮廓和内侧再加皴笔时，在沿边处留出少许空白，以表现山形的凹凸，刻画出了北方山石如铁打钢铸的风骨。山势错落有致，顶植密林。墨色浓厚，画出了秦陇间峰峦浑厚、壮丽浩莽的气概。现代艺术大师徐悲鸿曾在《故宫所藏绘画之宝》中高度评价这幅画："中国所有之宝，故宫有其二。吾所最倾倒者，则为范中立《溪山行旅图》，大气磅礴，沉雄高古，诚辟易万人之作。此幅既系巨帧，而一山头，几占全幅面积三分之二，章法突兀，使人咂舌！"

关仝，长安人，约与荆浩同时而稍晚。文献记载他是一个十分勤奋的学生，作品非常受到时人的欢迎，以至四面八方争求笔迹。刘道醇《五代名画补遗》中："初师荆浩学山水，同刻意力学，寝食都废，意欲逾浩，后俗谚曰关家山水。"关仝的作品表现出作者对于自然界怪异山体情趣。但是时代相近的人倒没有将关仝的绘画风格定位于怪异的类别。米芾《画史》中描绘关仝山水画的特点为"关仝粗山，工关河之势，峰峦少秀气"。文献中没有古人对关仝现存《关山行旅图》的记述。但是有关的其他作品的记载，可以作为我们分析《关山行旅图》的参考，宋代李方叔的《德隅斋画品》记载关仝另一幅《仙游图》时的描述与《关山行旅图》非常接近："大石丛立，屹然万仞，色若精铁，上无尘埃，下无粪壤，四面斩绝，不通人迹，而深岩委涧，有楼观洞府，鸾鹤花竹之胜。""石之并者，左右视之，各见其圆锐长短远近之势。石之坐卧者，上下视之，各见其方圆广狭薄厚之形。"《五代名画补遗》描述关仝的画也非常近似："上突危峰，下瞰穷谷，卓尔峭拔者，企能一笔而成。其悚擢之状，突如涌出，而又峰岩苍翠，林麓土石，加以地理平远，磴道邈绝，桥门村堡，杳漠皆备。"

［五代］关仝《关山行旅图》

宋代是历史上最以绘画艺术为重的朝代，自汉唐以来利用绘画辅佐推行政教的情形到宋代已经完全绝迹，画坛上呈现为人物、山水、花鸟鼎足而立的兴盛局面。山水画尤其受到社会上的重视，其艺术成就亦达到历史上的最高水平。正如北宋画家郭熙《林泉高致》所说："直以太平盛日，君亲之心两隆，苟洁一身出处，节义斯系。岂仁人高蹈远引，为离世绝俗之行，而必与箕颖埒素黄绮同芳哉。白驹之诗，紫芝之咏，皆不得已而长往者也。然则林泉之致，烟霞之侣，梦寐在焉。耳目断绝，今得妙手，郁然出之。不下堂筵，坐穷泉壑。猿声鸟啼，依约在耳。山光水色，滉漾夺目。此岂不快人意，实获我心哉。此世之所以贵夫画山水之本意也。"靖康之后，衣冠南渡，北部中国的学术传统基本中断，关中地区自然难逃厄运。终南山彻底丧失了文化、地域上的优势，但是终南山孕育的山水画的血脉却在南方得到了延续与发展，汇聚成注重诗意、境界和情趣的文人画风，并且再次达到历史的高峰。

清代画家王原祁（1642—1715 年）根据石刻本《辋川图》绘制一部山水长卷，并附题跋。"虽然王原祁在题跋中言及，他在创作时曾参考王维的诗，但实际上，王维画中的诗意或景致并不是王原祁所真正要捕捉的；再者，一件石刻作品也无法保留什么诗意或景致的趣味。对他而言，重要的乃是画中的布局结构以及他和南宗画派这位祖师之间的渊源关系。"直到清代修筑圆明园时，还把辋川以"北远山村"为名纳入皇家十大园林美景之内，可见其影响之深远。

[清]王原祁《辋川图》（局部）

（三）书法艺术

书法是汉字的书写艺术。它不仅是中华民族的文化瑰宝，而且在世界文化艺术宝库中独放异彩。汉字在漫长的演变发展的历史长河中，一方面起着思想交流、文化继承等重要的社会作用，另一方面它本身又形成了一种独特的造型艺术。从传说中文字的产生到周秦汉唐的书法创作，终南山地区在中国书法艺术史上具有十分重要的地位。

汉字的产生，有着神奇的传说，其中最主要的是伏羲氏画八卦和仓颉造字。《淮南子·本经训》称“昔者仓颉作书，而天雨粟，鬼夜哭。”《周易·系辞》说：古者庖牺氏之王天下也，仰则观象于天，俯则观法于地，观鸟兽之文与地之宜，近取诸身，远取诸物，于是始作八卦，以通神明之德，以类万物之情……上古结绳而治，后世圣人易之以书契。”庖牺氏即伏牺氏，又作伏羲氏，是中国古代传说中的神话人物。相传他仰观俯察，将天地万物概括为八个基本符号，即我们所常说的八卦。原始的八卦虽然不是汉字的始祖，但由它代表和产生的系列哲学概念，如阴阳、刚柔以及中国书法艺术中许多对立统一的概念，都已经在其中孕育。八卦的卦象用线条的变化组合来表达，更和汉字创造原理息息相通。八卦及其卦象的出现，说明先民们对自然界的万事万物已经有了长期的观察和研究，并力求寻找出其根本的规律。唐代人敬括写有《八卦赋》，颂扬伏羲创造文字的功绩，“爰有皇圣，其惟伏羲，索四营之妙理，究三才之大规。乃画八卦，以穷万象；神可以测来，智可以藏往。辨庶品於奇功，握群形於指掌。使六位之恒存，乃百王之是仰。故乾以至健，坤以利贞；含千变之象，类万物之情。”

汉字线条的创造和利用，完全基于先民对自然万物的细致观察和对其典型特征的高度概括，写实的象形和抽象的概括同时并存。经过相当长时期的运用发展，写实的象形符号化，最终达到具象与抽象的完美结合与统一。正是这种具象与抽象的统一，使汉字的书写发生出无数的变化，包涵有无穷的意味，激发出无穷的想象力，最终成为体现中华民族智慧和美学的艺术。

周部族是我国境内最古老的部族之一，而崇尚巫术和原始宗教却为我们留下了极其重要的副产品——汉字的创造以及用于刻写记录文字内容的载体——甲骨文和金文。大约在公元前 1105 年左右，周武王率领诸侯联军进攻商王室所在的朝歌，殷纣王战败自杀，商朝灭亡，中国历史进入了西周时期。在灭商之前，周部族的文化落后于商部族。灭商之后，周人全盘继承了商人文化，并根据新时代的需要加以创新。周人继承了商人的文字，创建了全新的血缘宗法制度，建立起独特的宗法礼乐文化。但西周时期的社会生产力仍然非常落后，生产和生活用具仍以石器和木器为主，青铜因为是贵金属，主要用于兵器和礼器的铸造。在青铜礼器上铸造铭文也是周代贵族用以纪功、祭祀、记事的主要手段，在礼器、祭器上铸造文字也有了特殊的意义。我们今天所能见到的周代青铜铭文大都出现在当时周王室所制作的青铜器之上。在灭商之初，周人的青铜铭文还带有比较浓厚的商人风格，但成王之后，这种局面迅速改变，金文书法所蕴含的艺术美感被逐步发掘出来。西周最早的金文书法作品是周武王时期的“利簋”和“毛公鼎”。“利簋”1976 年出土于陕西临潼，现藏于临潼县文化馆。“利簋”是目前有关武王伐纣文物的最重要的发现，是目前已知的时代最早的西周有铭青铜器。其铭文基本沿袭了商代金文的特点，结体纵长，点画粗细均匀而缺少变化，但有一种豪纵之气。“毛公鼎”为西周后期厉王时物，清道光末年出土于陕西岐山，现存台北故宫博物馆。铭文有将近 500 字，叙述周王叮咛毛公对王室效忠，并有赐赏，在周代青铜器中铭文最长。其书法笔力沉雄，大气磅礴，为西周金文之冠。

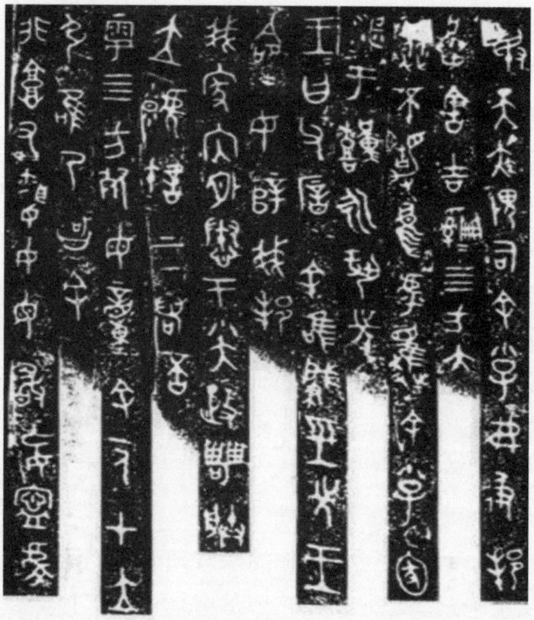

『毛公鼎』铭文拓片

根据清华简记载，秦人是属于东夷一支，后迁移至周人故地。占领周人故地之后，文化迅速进步，并为华夏诸族所认同，所以《诗经·国风》收录了《秦风》。从《诗经·秦风》可以看出，秦人风俗质朴豪放，崇尚武力，诗歌充满旷远雄霸之气。秦人在文化上原本比较落后，占领周人故地之后，直接继承了周人文化，又保证了周、秦文字的延续和发展。春秋战国时期的秦国文字书写始终以《史籀篇》为基础。《史籀篇》是中国最古的一部字书，相传为周宣王太史籀所作。在山东诸侯文字逐渐改变之时，秦国则在一个相对封闭的环境中保持了西周的文字传统。春秋战国时期的秦国青铜器出土较少。春秋早期的“秦公钟”和稍晚的“秦公簋”还保留了西周时期的文字习惯，点线条如后来的玉筋篆书，结体规范而气宇轩昂。秦孝公以后，由于国力强盛，为我们留下了一些精美的金文作品。其中最有价值的是“商鞅方升”和“商鞅戟”一类兵器上的铭文，线条瘦硬而气势开阔。最能代表秦国书法艺术的是刻石书法。陕西凤翔秦公一号大墓所出土的石磬之上就镌刻有不少清秀精美的文字，虽然有一些图案化倾向，但已经为我们展现出秦国刻石文字繁荣的端倪。

隋唐代书法的发展一方面延续北朝以来瘦硬雄浑的碑版书法，另一方面则受到南朝士族文人书法的影响。南朝士族文人书法的流行不仅因为其自身艺术价值，也与南北朝晚期以后北方统治者倾慕、向往南朝士族文化有极大的关系。隋炀帝和唐太宗都是南朝士族文化艺术的倾慕者和有力倡导者。在唐太宗的倡导下，学习王羲之书法成为唐王朝普遍的风气。正是在这种融合南北、勘酌古今的风气下，唐代书法艺术，特别是楷书艺术达到了中国历史的最高峰。虞世南、欧阳询、褚遂良等伟大艺术家的出现，正是唐代初期书法艺术融合南北、变古制今的结果。

颜真卿京兆万年（今陕西西安）人，出生于一个书法世家。颜真卿书法精妙，擅长行、楷。初学褚遂良，后师从张旭，得其笔法。其正楷端庄雄伟，行书气势遒劲，创“颜体”楷书，对后世影响很大。与赵孟頫、柳公权、欧阳询并称为“楷书四大家”。又与柳公权并称“颜柳”，被称为“颜筋柳骨”。颜真卿的楷书雄秀端庄，结字由初唐的瘦长变为方形，方中见圆，具有向心力。用笔浑厚强劲，善用中锋笔法，饶有筋骨，亦有锋芒，一般横画略细，竖画、点、撇与捺略粗。这一书风大气磅礴，多力筋骨，具有盛唐的气象。他的行草书，遒劲有力，真情流露，结构沉着，点画飞扬，在王派之后为行草书一开生面。颜真卿的行书遒劲郁勃，这种风格也体现了大唐帝国繁盛的风度，并与他高尚的人格契合，是书法美与人格美完美结合的典例，其《祭侄文稿》追叙了常山太守颜杲卿父子一门在安禄山叛乱时，挺身而出，坚决抵抗，以致“父陷子死，巢倾卵覆”，取义成仁，英烈彪炳之事。祭悼其侄颜季明更见疾痛惨怛，哀思郁勃。本帖通篇用笔之间情如潮涌，书法气势磅礴，纵笔豪放，一泻千里，常常写至枯笔，更显得苍劲流畅，其英风烈气，不仅见于笔端，悲愤激昂的心情也流露于字里行间，被元人鲜于枢誉为“天下行书第二”。北宋爱国诗人、书法家陆游在《自勉》诗中写道”学诗当学陶，学书当学颜。正复不能到，趣乡已可观。”“学书当学颜”，这不仅仅是陆游的心声，更是时代对颜真卿精神的呼唤。学习颜字，已成为文人风节自我标榜的资质。

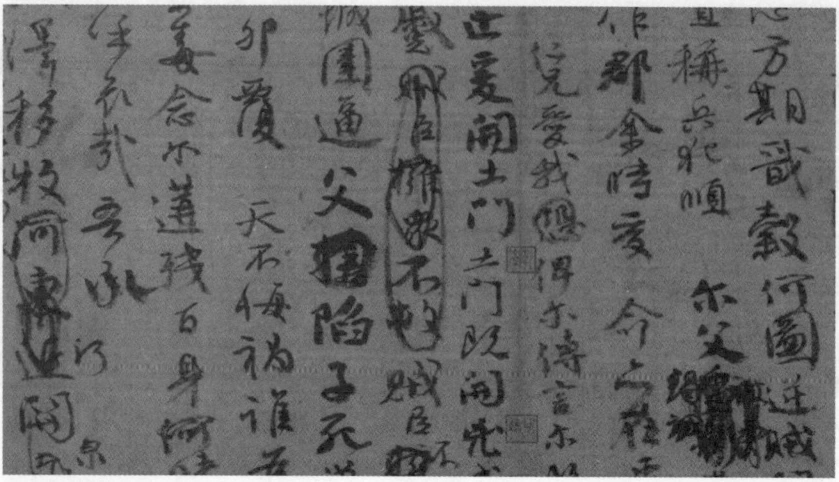

颜真卿《祭侄文稿》局部

颜真卿的《颜勤礼碑》端庄遒劲，但笔画细瘦和其他碑刻不大一样。《颜氏家庙碑》，书法筋力丰厚，也是他晚年的得意作品，与其早年时期的作品相比更加浑厚大气，是他晚年的代表作。颜真卿的书法对唐以后的中国书法有着无与伦比的影响，雄浑阔大的书风也代表了盛唐中华文化的气势和风度。唐代以后，颜真卿的书法成为历代书法爱好者学习研究的主要对象之一。直到今天，颜真卿雄浑博大、宽厚庄重的书法艺术仍然是我们应当努力学习的榜样。

西安碑林由于碑石丛立如林而得名，其源头可追溯至唐代立于帝都长安务本坊国子监内的《石台孝经》《开成石经》，正式创始者为北宋名臣吕大忠（陕西蓝田人），始建于北宋元祐二年（1087 年），后经历代收集，规模逐渐扩大。现收藏文物 11000 余件，其中国宝级文物 19 种（组）134 件，一级文物 535 件，是收藏我国古代碑石时间最早、名碑最多的一座艺术宝库。西安碑林比较集中地保存了唐代一些大家的名作，初、盛、中、晚各期皆有，正、草、隶、篆诸体具备，这是其他地方所难于比拟的。清钱邦芑诗："丰碑读一过，百拜不能休。"清叶观国诗："李唐碑板如云垂，浯溪片石尤瑰奇，鲁公遗墨此第一，评家自审非谬欺。"碑林陈列由碑林、石刻艺术和其他文物展览三部分组成，共 12 个展室，碑室 7 座、碑廊 8 座、碑亭 8 座，加上石刻艺术室和 4 座文物陈列室，陈列面积达 4900 平米。随着对碑林历史价值和艺术价值的进一步研究，这一文化瑰宝将被更多的人所认识，中华民族的古老文化也将进一步得到发扬和传播。

（四）园林艺术

人类对于自然山水的认识是与整个社会的文化发展进程分不开的，正如普列汉诺夫所说：“在社会发展的各个不同时代，人从自然获得各种不同的印象，因为他们是用各种不同的观点来观察自然界的。”在先秦、两汉时，山岳在人们心目中还保持着一种浓重的神秘性，人们屈从于它，无条件地崇拜它，再加上原始宗教、意识形态、帝王山岳祭祀的深刻影响而形成彼时的山岳观。到了这个时期，人性的觉醒已从根本上改变了人们对自然界的认识。随着外在的自然人化的深入，大自然逐渐消失其神秘的色彩，人对大自然山水之美变得敏感起来，人的内在感情的细腻性和复杂性才会与自然山水相对应契合而产生共鸣。于是，一方面山岳风景逐渐成为独立观赏的审美对象，揭开了先秦、西汉以来披覆其上的神秘外衣，以其赏心悦目的本来面貌呈现在人们的眼前。另一方面，原始宗教的主导地位已为新兴的佛教和道教所取代，君子比德思想、神仙思想在老庄、佛家和玄学的启发下也发生演变或升华，帝王的封禅祭祀活动由于社会动乱、政局多变而趋于低潮。这两方面的情况都促使人们对山岳认识的根本转变，形成了新时代的山岳观。新的山岳观从一个侧面反映了新时代的文化思潮，首先形成于掌握文化、使用文化的知识阶层，包括世俗知识分子和佛、道宗教徒知识分子及其代表人物。他们持着超脱的、出世的心态，寄情山水，崇尚隐逸，从而导致行动上游山玩水，确立思想上对山水风景的独立的审美观念。这些世俗的力量再加上佛、道宗教的力量，原有的名山遂得以相继转化为名山风景区，新的名山风景区也得以陆续开发出来。

中国古代园林文化最早可追溯到黄帝时期的文化，《路史·疏仡纪·黄帝》：“度四方，西逾陇”“北届淳碣，南临玄扈，乃开东苑，袚中宫。”黄帝听了广成子的理论，“故余将去汝，入无穷之门。以游无极之野，吾与日月参光，吾与天地为常”是中国园林早期“天地人合一”哲理的启蒙阶段。《黄帝内传》中已出现衣、食、住、行以外的建筑，“因立台榭，无屋曰台，有屋曰榭”，是园林游息建筑的萌芽时期。《尚书·舜典》中“纳于大麓”（大麓即守山林吏），舜帝曰：“畴若予上下草木鸟兽益，汝作朕虞”（虞是掌管山林的官吏）。殷代设置司木以掌管山林、沼泽。周代设置有山师、山虞、野虞、林衡等以司掌山林，泽人掌管湖泽，囿人管理苑中花木动物。汉代设有水衡都尉，管理上林苑中的山林、池苑等，冬宫掌管土木建筑。汉代又设有陵园令管理天子的陵园，上林苑令主管上林苑。隋设虞部司、上林署。至明代还设有上林苑监以继承管理上林苑。上述史志资料说明，陕西是13个朝代帝都所在地，自古有自然山林川泽、王囿苑园的管理机制和立法。而在唐代的山林保护立法中，“毁林者犯杀身之罪”。故唐代的关中，沿北山一带均为油松森林，唐末遭到毁坏。

到了北宋苏轼所见到的北原景观已变成“有山秃如赭”了。

早在西周，山林川泽已进入当时人的审美视野了。文学作品如《诗经》中即有这方面的反映：

秩秩斯干，幽幽南山。
如竹苞矣，如松茂矣。(《小雅·斯干》)
南山烈烈，飘风发发。
南山律律，飘风弗弗。(《小雅·蓼莪》)
节彼南山，维石岩岩。
节彼南山，有实其猗。(《小雅·节南山》)

秦、汉，帝王显贵占用天然山水胜景修建宫苑的情形已很普遍，规模也更大。关中八条大河贯穿于西汉上林苑，苑内辽阔的平原、丘陵，自然景观极其恢宏。甘泉苑位于长安北面的云阳，崇山峻岭，河川蜿流其间，则为典型的山岳景观。东汉时的大将军梁冀，凭借权势圈占山林川泽营建多处私家园苑，遍及中原的千里沃野。《后汉书·梁统列传》载：（冀）又多拓林苑，禁同王家。西至弘农，东界荥阳，南极鲁阳，北达河、淇。包含山薮，远带丘荒。周旋封域，殆将千里。大量利用天然山水胜景与园林经营相结合，虽然造园技艺尚处于比较粗放的状态，也能够反映出人们对山水风景的自然美的认识和领悟。

从文献的记载看来，汉代人游赏山水的风习较之上代似乎更普遍一些。西汉首都长安近郊的灞、浐二水之滨，东汉首都洛阳近郊的伊、洛二水之滨，每到暮春三月，风和日丽，杨柳依依，帝王、贵族、官僚和平民百姓纷纷来到这一带行修禊之礼，兼作郊游活动。

山水的审美观念从萌芽到成熟状态的转化，人们把名山作为独立的审美对象来看待，并结合佛教和道教在名山的长足发展而把山岳作为风景资源来大量开发，直到魏晋南北朝时期才得以实现。这时，传统的名山也相继转化为风景区，真正的名山风景区便在华夏大地上出现了。

唐城长安，地处终南山北麓，其地川原起伏，纵横交错，泉源丰富，八水分流，渭流经其北，秦岭屏其南，东有骊山之秀，西有秦都之雄，城郊园林遍布，风景秀丽，恰如崔颢《渭城少年行》诗所云：

驿使前日发章台，传道长安春早来。
棠梨宫中燕初至，葡萄馆里花正开。
念此使人归更早，三月便上长安道。
长安道上春可怜，摇风荡日曲江边。

万户楼台临渭水，五陵花柳满秦川。

此诗歌咏秦川园林之盛，吸引着八方游客。

曲江池在咸宁县南 10 里，即唐都长安东南隅。一半在城内，一半在城外。曲江池的开发始于秦代，当时称为“陷洲”，意即此池岸屈曲，有水如长洲，汉时称“曲洲”，并为宜春下苑。汉武帝曾多次游幸，隋营大兴城时，宇文恺以其地在京城之东南隅，地高不便，不以此地为居人坊巷，而凿以为池。后加以疏凿美化，辟为都城的风景区。

曲江遗址公园

唐玄宗开元时期，开始了曲江池大规模的扩建和营造，引满水入池，水面达 70 万平方米，曲江“四岸皆有行宫台殿，百司廨署”。安史之乱前，“诸司皆有，列于江浒”“安史乱后，尽废圮”。

文宗太和九年(835年)二月号召诸司，在力所能及的情况下，可沿池岸修造亭馆。官府统一划拨地盘，把曲江池的开发扩建又推向一个高潮，原因是文宗皇帝读了杜甫“江头宫殿锁千门，细柳新蒲为谁绿”的诗句，乃知天宝以前曲江的盛况，才突发奇想，掏池建宫，使其恢复往日的繁华景象。曲江池经过修浚开发，沿岸宫殿连绵，楼阁玲珑，参差异态，杨柳成行，烟水明媚。庐编《曲江望》诗云：“菖蒲翻叶柳交枝，暗上莲舟鸟不知。更到无花最深处，玉楼金殿影参差。”雍裕之《曲江池上》诗云：“殷勤春在曲江头，全藉群仙占胜游。何必三山待鸾鹤，年年此地是瀛洲。”文人雅士歌咏曲江游观盛况的诗赋，不计其数，足见曲江胜迹堪为一代之绝。

曲江池风景区的另一部分为其南岸的芙蓉园。北宋张礼《游城南记》云：“芙蓉园在曲江之西南，隋离宫也，与杏园皆秦宜春下苑之地。园内有池，谓之芙蓉池。”

芙蓉园本名曲江园，因隋文帝杨坚恶其名曲，遂改为芙蓉园。这里荷花满池，亭亭玉立，开元时在该园增修了紫云楼、彩霞亭等园林建筑，遂使园内清林重复，绿水弥漫，成为帝都之胜景。芙蓉园是皇家御园，亦称南苑，外有垣墙，以与曲江池公共游览区相隔，未经皇帝许可，大臣不得擅入。唐玄宗为随时游赏不为人知，沿东郭城壁专修了一道从兴庆宫到芙蓉园的夹城。它与邻近的芙蓉园、乐游原、慈恩寺、杏园一起，形成了以曲江池为中心的风景游览胜地。

曲江池风景区应包括杏园在内，杏园是唐代著名的风景区，因园内盛植杏树而得名杏园，位于城南通善坊，北临大慈恩寺，东近曲江池。每逢早春，满园杏花盛开，蜂蝶翩翩起舞，仕女游观者，络绎不绝。唐人姚合歌咏了这一盛况，诗云："江头数顷杏花开，车马争先尽此来。欲待无人连夜看，黄昏树树满尘埃。"游人之多，可以想见。

长安被山带河，"名山甲于天下"，造园借景，幽然可见。其地水资源丰富，泾、渭、灞、浐、沣、涝、滈、潏 8 水分流，环绕长安。《西安府志》记载："长安之地，潏、滈经其南，泾、渭逵其后，灞、浐界其左，沣、潦（即涝河）合其右"。即南有潏、滈，北有泾、渭，东有灞、浐，西有沣、涝。这些纵横环绕的河流，除有利于农田灌溉、漕运、城市供水和调节气候等以外，对于造园提供了得天独厚的有利条件。中唐以后，中国园林已由自然山水园发展为写意山水园，这是中唐文化大繁荣带给园林的大发展。写意山水园也称文人山水园，他们直接参与造园，把诗情画意带进园林，使园林雅而不俗，一些文人运用这种造园艺术为自己、为他人造园。园内配以花木，"为观游及卖果者，皆争迎取养"，说明当时唐长安有钱人家造园之盛。

唐长安以都城为中心，郊野遍布园林胜迹。私人郊野别墅园广布于都城的东郊与南郊。大凡贵族、大官僚的别墅，多集中于东郊。而一般文人、官僚多集中于南郊。或许是"人以群分"而使然。樊川，在长安城南 35 里，东南起自江村，西北至于塔坡，是一条长约 30 里的平川，其间有韦曲、杜曲，号称韦杜。原名后宽川，因汉高祖刘邦赐给名将樊哙作封邑，故名樊川。汉代在此建有离宫，汉武帝亲临游观止宿其中，又称御宿川。从汉代起，樊川就成为长安城里达官贵人营构别墅的理想之地，韦杜二氏贵族世居于此，唐代营构之风更盛，泉石占胜，布满川陆。韦、杜两家，历代显宦，世居樊川形胜之地。唐韦安别业，林石花亭，号为胜地，杜甫有"韦曲花无赖，家家恼杀人"的诗句。张九龄《韦司马别业集序》载："杜城南曲，斯近郊之美者也。背原面川，前峙太乙，清渠修竹左并，宜春山霭下连。俗氛中绝，此皆郑公之有也。余固已闻之。开元岁夏四月，猥忝散职，居多放情"。"韦公方拭席见待，羞以药物之滋，倚琴相欢，杂以啸歌之韵，清言移景，闲步周林，翻飞自情，俯仰为得，斯亦吾侪之乐事，幸可而同也。史称杜佑郊居城南，有樊川亭，有桂亭，卉木幽邃，日与公卿宴集其间，元和七年佑以太保致仕居于此焉。甲第在长安东，有别墅，亭馆林池，为城南之最。牧之之赋亦曰：予之思归兮，走杜陵之西道，岩曲泉深，地平木老，陇云秦树，风高霜早，周台汉苑，斜阳衰草。”（雍正《陕西通志》卷九十四·拾遗一）《长安志图》载：“韦、杜二氏，轩冕相望，园池栉比。”韦、杜二家的城南庄园别墅，名冠天下，唐人俗语称“城南韦杜，去天尺五。”极言其富豪显贵，时人莫能与之比。刘郎中别业刘某任司勋郎中之职，有别业在郊野，亲友常来游乐宴欢，祖咏《清明宴司勋刘郎中别业》诗云：

田家复近臣，行乐不违亲。

霁日园林好，清明烟火新。

以文长会友，惟德自成邻。

池照窗阴晚，杯香药味春。

檐前花覆地，竹外鸟窥人。

何必桃源里，深居作隐沦。

王维隐居于终南山附近的蓝田辋川别业，作为他和他母亲奉佛修道的隐居之地。在禅宗思想的影响下，王维亦官亦隐，淡泊名利，在辋川的山水中获得了一种平和淡然的心境，使得他得以从官场中脱身而出，致力于构建自己的精神家园。王维在辋川居住的日子里，与很多文士有交游和唱和的活动，最著名的就是与裴迪的唱和之作了。王维和裴迪都有《辋川集》二十首，歌咏辋川内的各处景点，每首诗描绘辋川内的一处景点，诗歌极富画面感，运用一组组镜头来表现辋川内动人的美景，是王维“诗中有画、画中有诗”诗歌风格的充分体现，更重要的是透过诗歌清明澄寂的意境来展现诗人对园林隐居生活的热爱和自己内心的平静。《鹿柴》：“空山不见人，但闻人语响。返景入深林，复照青苔上。”描写鹿柴附近的空山深林在傍晚时分的幽静景色，充满了画面感与空寂感。《竹里馆》：“独坐幽篁里，弹琴复长啸。深林人不知，明月来相照。”这首诗表现了一种清静安详的境界，妙处在于以自然平淡的笔调，描绘出清新安静的月夜幽林的意境，夜静人寂融情景为一体，蕴含着一种特殊的美的艺术魅力。《山居秋暝》：“空山新雨后，天气晚来秋。明月松间照，清泉石上流。竹喧归浣女，莲动下渔舟。随意春芳歇，王孙自可留。”此诗动静结合，清新优美，富有生活气息，于诗情画意之中寄托了诗人寄情山水田园，对生活悠然自得的满足心情，含蕴丰富，耐人寻味。

（五）雕塑艺术

中国的石刻艺术，经历了漫长的原始社会、奴隶社会和封建社会。从类型上，大体可分为陵墓石刻和宗教石刻。内容丰富多彩，形式多种多样，而且都具有鲜明的民族风格。其雕刻手法有线刻、浮雕与圆雕之分。塑造的形象有高达数十米的巨型摩崖或窟龛雕像，有取材数十吨、气势雄浑的圆雕石犀、石虎、石狮等，也有体形较小、高仅盈寸、重不过斤的单个造像和各种圆雕动物形象。无论是大型的还是小型的，一般都雕刻得细腻、逼真。这些作品都是由古代的艺术家们深入洞察人的情感和各种社会生活，大胆地接受前人和外来艺术的表现技法，并根据统治阶级的需要，以简洁、明快、准确优美的线条，创造出具有时代特征的艺术形象。

汉武帝茂陵建筑宏伟，墓室内殉葬品极为豪华丰厚，史称“金钱财物、鸟兽鱼鳖、牛马虎豹生禽，凡百九十物，尽瘗藏之”，是汉代帝王陵墓中规模最大、修造时间最长、陪葬品最丰富的一座，被称为“中国的金字塔”。现存的石雕有马踏匈奴、卧马、跃马、卧牛、卧象、伏虎、野猪、蛙、蟾、石人、人与熊、怪兽吃羊、石鱼等，这些石雕是汉代石雕的典型代表。附近霍去病墓前的大型石雕群，是我国现存最早的纪念碑式的巨作。该石雕群现存石雕作品 17 件，其中 12 件被评定为国宝。这些石雕作品既有现实主义的佳作，又有浪漫主义的代表，还有两者相互结合的典范；写实与写意手法并用，作品不同，各有侧重。作品题材多样，构思精妙，造型生动传神，意象博大深沉；笔法洗练，细节刻画惟妙惟肖，具有极强的艺术感染力，是汉代石刻艺术的经典，被中外雕刻界和美学界称为“千古绝品”。鲁迅曾到茂陵参观，高度评价“唯汉人石刻气魄深沉雄大”；中国科学院院长郭沫若在茂陵视察时强调指出“霍去病墓石刻是园粹”。这些作品标志着中国的艺术思想和创作手法在西汉时期相当成熟。因此，这里可以看做是中国艺术思想成熟和确立的归结之地。马踏匈奴是霍去病墓石雕作品中最著名的一件，高 1.68 米，长 1.90 米。这件作品的主体造型是一匹矫健的战马踏着一个仰面倒在地上做垂死挣扎的匈奴人。马的形象坚实有力，姿态威武，象征着正义力量的强大。马腹下的匈奴人，仰卧在地上，左手握弓，右手持箭，双腿蜷屈作狼狈挣扎状。蓬松零乱的须发，显得惊慌失措，痛苦万状，带着不甘心就缚又无可奈何的表情。

后佚名诗人游览茂陵，以此雕塑为题写有古风，凭吊霍去病的骁勇与功业：

将军行

佚名

世人十八安环堵，将军十八身行伍。
朝向魏阙辞天子，暮逐穷边御强侮。
胡沙射马锐箭镞，胡月照人寒刀斧。
匈奴杀戮为耕作，白登髑髅夜能语。
八百骁骑从天来，控弦十万不足数。

射雕儿作将军俘，昔何勇兮今如鼠。
献馘分茅冠军侯，再出陇西骠骑旅。
横截焉支收金人，匈奴阏氏色如土
断取祁连系名王，匈奴六蓄足灶釜。
明年更封狼居胥，羽檄无复动三辅。
英气不与身俱没，事去千年犹虎虎。
君不见茂陵密迩军冢，石马至今踏胡虏。

茂陵马踏匈奴石雕

隋、唐时期文化艺术的繁荣，体现在我国古代宗教石刻艺术方面的是：继承了北魏的优秀传统，兼之吸收了当时西方艺术的优点，于是便创造出更加生动和更加完整的新作品。在陕西境内，东起蒲城，西至乾县，绵延300里的北山峰原之间，排列了唐代18座帝王陵寝。每座陵前都遗存有一批数量不等的精美的巨型雕刻，被誉为“唐代的露天石刻艺术馆”。这些陵墓雕刻，一般都形体庞大，气势壮伟，多是用来守护陵墓门的。

唐陵石刻是中国古代雕塑史上壮丽辉煌的一页，素以雕刻技艺精湛，体量大、气势恢弘而名冠天下。陕西境内共有唐代帝陵18座，以“陵”称之的皇亲墓1座，现存石制作品数百件。这些石刻作品题材分类清晰，主题相对集中，思想内涵明确，艺术特色鲜明。从表现形式看，唐陵石刻有圆雕和浮雕两类；从题材看，唐陵石刻以神兽、坐骑和人物为主，偶见供祭祀和宴享用的牲畜形象。由于唐陵石刻产生于不同的时期，各个时期的工艺水平不同，加之题材的不同、保存完好性的差异等，现存石刻作品的艺术价值不同。唐高祖李渊的献陵前用虎。圆雕石虎，高达 2.09 米，呈走动状。这种造型在唐代陵墓雕刻中，非常特殊，它纯系写真，不曾有半点守门卫户的意味。但从其挺拔的形体，威严的头部来看，仍然有很大的震慑感。此虎原来雕刻有 8 个，分置在献陵周围四门之外，现仅存一件，被移置在碑林博物馆石刻艺术室内。这一具有纪念碑式的瑰丽雕刻物，从整体的形象结构来看，是非常生动而和谐的，头部稍倾斜，做出阔步向前搜寻的姿态，正表现了虎特有的典型性格。无论是作为独立的雕刻艺术作品来欣赏，还是作为一种威严的守护者来要求，都是非寻常可比的。献陵前的石犀，也是我国古代石刻中罕见的题材。石犀高 2.3 米，重约达 10 吨左右，用整块巨石雕成。躯体直立、硕壮，细目束口，四肢坚实有力，身披坚厚的鳞纹皮，实为我国古代石刻艺术宝库中一件佳作。

献陵石虎

“昭陵六骏”石刻雕塑的是唐太宗李世民曾经乘骑的六匹战马。它们既象征唐太宗所经历的最主要的六大战役，同时也是彰显他在唐王朝创建过程中立下的赫赫战功。石刻所表现的六匹骏马三匹做奔驰状，三匹为站立状。六骏均为三花马鬃，束尾。这是唐代战马的特征，其鞍、鞯、镫、缰绳等，都逼真地再现了唐代战马的装饰。六骏石刻采用高浮雕的表现形式，将每匹战马的体态、筋骨和皮毛的质感都刻画得栩栩如生。如“飒露紫”这件作品，浮雕中的人物侧立，表情严肃，身着戎装，腰间佩剑，左手牵马，右手拔马胸前的箭。马头侧向依人，二腿直立，后右腿微曲，双目深沉，似在忍受着巨大的痛苦。这幅作品把马高大的身躯、劲健的肌肉、装饰、鞍镫等都生动形象地表现出来，细部雕刻非常细腻，人马各具质感，形神兼备。又如“特勒骠”，造型独特，筋健骠肥，硕壮有力，马头前倾，双目炯炯有神，四腿做冲锋奔跑之势。总的来看，六骏浮雕以简洁的线条，准确的造型，生动传神地表现出战马的体态、性格和战阵中身冒箭矢，驰骋疆场的情景。每幅画面都告诉人们一段惊心动魄的历史故事。正如宋代人张来所描述的：“森然风云姿，飒爽毛骨开。飙驰不及视，山立俨莫回。长鸣视八表，拨拨万驽始”。

修复后的『飒露紫』

宗教石刻，主要是佛、菩萨、力士造像。在我国，佛教石刻始于北魏，盛行于唐代。大约在古印度阿育王时代（公元前 232 年以前），佛教徒为学习释迦牟尼的苦修，在僻静的山中开凿石窟，称为“石窟寺”。他们在石窟寺中修道，白天到城里去行乞，或者到山谷中去汲水，一生只有三衣一钵，日夜带在身上。过着所谓离欲清静的生活，最后默默地死去，称之为“苦修僧”。信徒们为表示对佛的虔诚，就捐舍“净财”，邀请能工巧匠，在石窟里雕凿佛像，称为“石窟造像”；或在峰岩峭壁上，开龛凿像，叫做“摩崖龛像”；或在露天石壁上雕造佛像，称为“摩崖造像”。这样的造像传到中国，便产生了如敦煌、云冈、龙门、麦积山等宏伟的艺术宝库。从北魏到唐代，陕西关中地区寺院林立，佛教造像大量出现。特别是唐代西安成为世界佛教中心之后，佛教造像雕琢细致，造型更加优美。陕西境内现存的佛教造像数量大，珍品多。仅西安碑林博物馆收藏的精品就有上百件，其中以北魏的“皇兴造像”“景明造像”，唐代的“虚空藏菩萨像”与“白玉残菩萨像”等尤为珍贵。1956 年在唐安国寺遗址出土的金刚造像高 72 厘米，宽 42 厘米，为金刚降伏夜叉造型。金刚稳坐磐石上，表情严肃，佩戴项饰，身披长飘带，袒露胸腹；下身系袍，腰身结带；右手举杵，左手握拳，双腿盘曲，正在作拳打降伏状，显得威严刚烈。

唐安国寺遗址出土的金刚造像

总之，陕西地区保存的我国古代这些内容丰富、造型精美、生机盎然的石刻艺术作品，都是千余年来未留姓名的历代雕刻家们辛勤劳作、巧运匠心的结果。这些作品不仅形象地记录了历史进程，也为后世留下了各个朝代陵墓装饰和宗教发展情况的实物资料，应当备加珍视。

天仪轮回

秦岭是神奇的，它改变了中国大陆的自然格局，同时成就了北国的雄浑大气和南国的灵秀妩媚，被尊为中华民族的父亲山，被视为华夏文明的龙脉。秦岭是博大的，它以非凡的承载力统摄南北文化，集纳人文景观，著述了中国文化灿烂夺目的一页。

（一）中华民族的“父亲山”

著名作家陈忠实在谈及纪录片《大秦岭》时谈到：“横亘东西的秦岭造成北国江南迥异的地理环境，它直起直立，多险峻也不乏柔缓之处，给人的感觉就像父亲的脊梁能承载所有的重荷。”“秦岭不仅是陕西人的父亲山，更是中国人的父亲山！”秦岭福泽的不仅仅是陕西人，它被称作中国人的父亲山是当之无愧的。

《易经》中有言：“观乎天文以察时变，关乎人文以化成天下。”所谓人文，标志着人类文明时代与野蛮时代的区别，标志着人之所以为人的人性。文字作为人类进入文明社会的标志之一，其形成经历了漫长的历史时期，是我们的祖先在长期的社会实践中创造的。郭沫若说：“彩陶上的那些刻划符号，可以肯定地说是中国文字的起源，或者中国原始文字的孑遗。”文字产生的确切年代不可考。在陕西半坡、山东的大汶口等遗址中，都曾发现刻在陶器上的一些记事符号。据中国的考古学泰斗郭沫若考证，这些符号已具有文字的性质，是中国文字的起源。大地湾遗址出土的陶器上就发现有不同形状的记事符号，以钵形器物口沿内的细线纹最为常见，已发现有 10 多种不同的纹样：有类似水波状的、类似生长植物的形纹和以直线和曲线相交的形纹等。这批介于图画和文字之间的符号，早于陕西半坡和山东大汶口陶器象形文字 1000 多年，早于甲骨文的符号，为研究中国古代文学的形成和发展提供了新的资料。据史书记载：“伏羲生于成纪”，即今秦安县北部；“女娲生于风沟”，即今秦安县陇城镇南，所以秦安素有“羲里娲乡”之称。伏羲、女娲是中华文明的肇始，伏羲文化与大地湾文化是有相互影响的。中国历史上第一个奴隶制国家、第一个封建制国家、第一个东方帝国，都诞生在秦岭温暖宽厚的怀抱里；秦始皇、刘邦、刘彻、李世民等，在这里成就各自的千秋伟业；道教文化、秦楚文化、巴蜀文化、中原文化、关陇文化和佛教文化都与它密不可分。这座绵延不绝的高峻山岭，就像一位襟怀宽广、仁慈睿智的圣贤，向我们展示一个民族高贵丰满的灵魂孕育成长的全部历程。

大地湾出土彩陶

从地域文化的角度来考察，秦岭是中国南北方文化、东西部文化交融、形成和相互渗透的一个结点，一个聚合点和交汇点。这条挺立在中国内陆腹地的苍茫山岭，对以关中和中原为中心的中国传统文化精神与秩序的建立、确认的意义，远比一座巍峨高山阻挡了南下的寒风、北上的暖湿气流重要得多。

（二）丝绸之路的新起点

丝绸之路与秦岭南坡北麓的茂盛桑林直接相关。《诗经·小雅》有唱：“南山有桑，北山有杨。乐只君子，邦家之光。”《诗经·大雅》有唱：“菀彼桑柔，其下侯旬。捋采其刘，瘼此下民。”《诗经·桑扈》中的“交交桑扈，有莺其羽。君子乐胥，受天之祜”，描写了秦岭桑林中的鸟儿翻飞和人文生活。《诗经·丝衣》中的“丝衣其紑，载弁俅俅。自堂徂基，自羊徂牛”，则写的是源于蚕桑的丝绸衣饰和祭祀礼仪。而《易经·系辞》：“亡兮亡兮，系于苞桑”，写的又是在殷纣王的迫害下，周文王在终南山茂密桑林中的逃亡生涯。在西周《诗经》之后，唐代诗歌更以“绿树村边合，青山郭外斜。开轩面场圃，把酒话桑麻”（孟浩然《过故人庄》），“野老念牧童，倚杖候荆扉。雉雊麦苗秀，蚕眠桑叶稀”（王维《渭川田家》），“今我何功德，曾不事农桑。吏禄三百石，岁晏有余粮”，把秦岭山下的农桑田园景象推向人类永远的文明世界。特别是白居易在终南山下周至县任职时所作的《观刈麦》，“农桑”并提，可见丝绸商业在秦岭一带的发达繁荣。

汉代经过“文景之治”，雄才大略的汉武帝执政的汉朝迎来最强盛的时代。汉武帝从来降的匈奴人口中得知，在敦煌、祁连一带住着一个游牧民族——大月氏，与匈奴因战争结仇，于是派遣张骞出使西域，联合大月氏夹击匈奴。张骞不负使命，两次出使，虽然大月氏后来因安居乐业，失去了复仇的愿望，张骞没有完成联合夹击匈奴的军事目的，但却开辟了中国通往西方的国际通道，史称“凿空”的伟大旅行至今令人震撼。

丝绸之路群雕

汉通西域，虽然起初是出于军事目的，但西域开通以后，它的影响远远超出了

军事范围。从西汉的敦煌，出玉门关，进入新疆，再从新疆连接中亚、西亚的一条横贯东西的通道又变得畅通无阻。这条通道，就是后世闻名的“丝绸之路”。“丝绸之路”把西汉同中亚许多国家联系起来，促进了它们之间的政治、经济、军事、文化的交流。张骞从长安出发的时候，整个世界东方与西方还相互隔绝，在张骞到达中亚各国1100多年后，意大利旅行家马可·波罗的双脚才踏上中国的土地；而西班牙探险家哥伦布开往东方的船队，在张骞出使西域1300多年之后，才从西班牙的巴罗斯港扬帆启程。汉武帝开通通往西域各国的道路，最初的想法只是为了征讨匈奴，开拓大汉疆域。但战争结束了，被张骞带到西方的中国丝绸，却源源不断地走向世界，西方的珍宝黄金，也沿着这条闪烁着丝绸光芒的道路，涌进西汉都城长安。丝绸之路，一条由开拓者张骞走在最前面的万里通途，把古老中国和遥远的西方世界连在了一起。由于中国历代封建中央政府都称边疆少数民族为“夷”，所以张骞出使西域促进了汉夷之间的第一次文化交融。西域的核桃、葡萄、石榴、蚕豆、苜蓿等十几种植物逐渐在中原栽培。龟兹的乐曲和胡琴等乐器，丰富了汉族人民的文化生活。汉军在鄯善、车师等地屯田时使用地下相通的穿井术，习称“坎儿井”，在当地逐渐推广。此外，大宛的汗血马在汉代非常著名，名曰“天马”，“使者相望于道以求之”。那时大宛以西到安息国都不产丝，也不懂得铸铁器，后来汉的使臣和散兵把这些技术传了过去。中国蚕丝和冶铁术的西进，对促进人类文明的发展贡献甚大。

2013年，由国家主席习近平在哈萨克斯坦纳扎尔巴耶夫大学提出了“丝绸之路经济带”这一概念，是促进中国西部地区发展、扩大向欧亚内陆甚至欧洲地区开放的宏大经济愿景，是一套完整的涉外战略构想，是若干战略构想的集合，是中国与世界深度互动的新型链接范式。丝绸之路经济带主要解决的是中国与泛欧亚大陆陆上各国和各地区的大区域经济合作问题。

中国是古代丝绸之路的起点国家，这是提出该战略的历史逻辑起点。中国与世界深度互动产生了“溢出”效应，顺应了欧亚大陆深度整合和系统合作的需求。利益共同体和命运共同体应该成为经济全球化的灵魂，而互联互通和贸易投资便利化则是经济全球化和经济区域合作的黏合剂，是现代丝绸之路战略构建的最基本尺度。构筑现代丝绸之路战略不是一蹴而就的事情，需要理顺若干关系。现代丝绸之路战略是中国“走出去”的战略之梯，同时也是国际社会走入中国的战略通道。中国选择与国际社会一起合作、分享利益的和平发展方式是一种新的崛起道路，它充满了东方智慧，表明了中国对人类未来所担负的高度责任感和使命感。西安曾作为古丝绸之路的起始之地，向中国西北，甚至欧亚大陆输出了丰富的商品和灿烂的文化。

如今习近平主席在乌兹别克倡导“去中国、去西安”，西安无疑应被打造成为丝绸之路经济带有重要国际影响力的旅游目的地，而终南山文化也被丝绸之路经济带赋予了浓厚的时代色彩，即在面临生态环境的破坏、强势文化的冲击、经济环境的改变等诸多问题时仍持续生存、创新发展，做出精品文化产品，建立良好的文化生态，在丝绸之路经济带中赢得掌声，为丝绸之路经济带沿线国家加强区域大合作创造有利的人文发展环境。

（三）重拾民族自信心的力量源泉

党的十八大以来，习近平总书记站在中国特色社会主义事业的时代高度和中华民族走向伟大复兴的历史高度，将“文化自信”阐释为继“道路自信、理论自信、制度自信”后的第四个自信。从历史生成的逻辑来看，文化承载着民族发展的血脉，具有民族性、历史性与传承性的特征。

终南山不仅是中国最显著的地理坐标，也是中华文明的人文地标，儒、释、道等文化都起源或集大成于此，对中华文化影响巨大。由于它巨大的分异作用，使得天分南北，地割江河，东西逶迤，高下相摩。它多姿多彩的自然属性让人们赞叹不已。从历史走向来看，终南山是中国人的精神家园之一，今天我们即将迎来民族复兴的曙光，我们从终南山文化中汲取营养，对于继承传统文化，重新树立民族自信心有着非常重要的思想价值和人文价值。

终南山孕育的中国文化是中国文化的根，是中国文化的源。人文始祖炎黄二帝在南山之麓、渭水之滨留下了他们的足迹。黄帝播百谷草木、建造舟车、驯养野兽为家畜等，大大改变了人们的生存状态，提高了人们的生活质量；创文字、制衣冠、定算数、制音律等，使华夏民族走向了文明；发明指南车、创医学、推算历法等，增强了人们的生存能力；他在荆山（位于陕西中部）铸鼎，分华夏为九州，实行田亩制，使上古时期的华夏民族走向和谐。炎帝始种五谷以为民食，制作耒耜以利耕耘，遍尝百草以医民恙，织麻为布以御民寒，陶冶器物以储民用，削桐为琴以怡民情，日中为市以利民生，剡木为矢以安民居，为中华民族的兴旺发达做出了巨大的贡献。几千年来，桥山的黄帝陵一直是中华民族寻根祭祖的地方，是中华民族的祠堂，清明公祭轩辕黄帝大典成为凝聚民族精神、增进民族认同的强大动力。因此，黄帝不仅被尊为中华民族的始祖，而且作为中华五千年文明的象征载入世界文明的史册。

蓝田县灞水之滨的公王岭距今 115 万年的“蓝田猿人”，距今 18 ～ 23 万年的大荔人，距今 3.7 ～ 5 万年的陕北河套人，距今 1 万年的沙苑人，以及以半坡、姜寨、北首岭遗址为代表的仰韶文化，以客省庄、米家崖遗址为代表的龙山文化等，都给我们勾勒出了一条清晰演进的中华民族原始社会的基本历史线索之一，它大体便与传说的炎黄时代衔接上了。被公认为中华民族始祖的炎帝、黄帝，在终南山麓和渭河冲积平原留下了活动的印迹，考古发现的商州东龙山遗址，研究者一般认为即夏文化遗存。有关殷商势力在陕西的情况，从西安老牛坡遗址和城固宝山遗址可知，殷商势力不仅发展到关中，而且还延伸到陕南地区。发迹于陕西的周人所建立的周王朝，把陕西历史推向了一个发展的新高峰。周公制礼作乐，并以这种礼乐制度规范整个社会，从而奠定了中国传统文化的基础。此后孔子创立儒学，主要继承发扬的就是周公的这套礼乐文明。发迹于秦山陇水的秦文化创建的以皇帝制度、三公九卿制与郡县制为特征的中央集权政治制度，创立的多民族大一统的国家模式，其影响之巨大、之深远，直到今天仍是每一个中国人能够深切感受到的。从汉初崇尚黄老之学、开创文景之治，到雄才大略的汉武帝兴功作业，再到昭宣中兴，以至王莽改制，以西域“凿空”为标志，丝绸之路沟通了东西方文明；以“尊儒”为旗号，“霸王道杂之”的汉代政治模式成为后世永则的范式；而汉族、汉人、汉字、汉语等，也都缘于汉帝国得其名。隋唐时期，“华”“夷”如一，盛世之治。万民崇仰、万邦向往的京师长安，尽显数百年民族大融合结出的汇通硕果，满载经济文化交流国际大都会的历史责任。博大包容、开放进取的大唐气象，是中国历史的骄傲。

与国外的文化交汇则以佛教文化的中国化最具代表性。佛教自东汉传入中国后，即被加以中国化的改造，这实际上也就是中外文化的一种融汇。唐时长安是佛教的一大中心，佛教中国化的程度也被提升到一个更高的阶段，其标志就是佛教宗派的创立。在众多的佛教宗派中，影响较大者有八派，而其中六派都创立于长安。此外，传入唐京畿地区的还有摩尼教（明教）、祆教（拜火教）、伊斯兰教、景教（基督教支派）等外来宗教。它们在不同程度上也与中国本土文化发生了交汇交融。因此以长安为中心的陕西关中一带，事实上成为中外文化融汇的圣地。

北宋张载所创立的流行于关中地区的一个理学学派——关学，作为中国封建社会后期的一个相对独立的地域性的哲学学派，自北宋张载创立至清末终结，历时八百年之久的学脉延续，积累了丰厚的哲学思想。《西铭》和“横渠四句”的精神及其贡献代表了儒学最高的精神追求，对宋明儒学主流精神与核心价值的构建产生了深远的影响，塑造了中国知识分子的志向和心胸，闪耀着人类的智慧之光。

2012 年，习近平面对时代的召唤，提出了“中华民族走向伟大复兴”的历史命题，而历史的经验告诉我们，没有作为民族命脉的文化的自信，中华民族就无法真正实现民族复兴。与此同时，伴随着建设社会主义先进文化与建设社会主义文化强国战略的提出，中华民族已经能够以一种成熟的心态，以及更为科学、理性的态度，在文化发展的历史中正确认识中国文化的独特优势和发展前景，进而坚定对自身文化价值和文化生命力的信念和追求。今天我们站在一个新的历史起点，面对经济全球化、文化全球化的浪潮，在构建具有中国当代特色的、具有中国气派的中国文化中我们只有追本溯源，从传统文化中汲取营养，对传统文化进行现代性的转化和改造，才能够适应这个时代，使其能对世界文明继续发挥其人文的价值和理念。

参考文献

[1] [唐]李泰，撰．贺次君，辑校．括地志辑校 [M]. 北京：中华书局，1980.
[2] [宋]程大昌，著．黄永年，点校．雍录 [M]. 北京：中华书局，2002.
[3] 长安县地方志编纂委员会．长安县志 [M]. 西安：陕西人民教育出版社，1999.
[4] 陈正奇，张雅男．西安：中国古人类的发祥地之一 [J]. 唐都学刊，2014（2）.
[5] 樊光春．西北道教史 [M]. 北京：商务印书馆，2010.
[6] 方光华．论终南山“中国佛教祖庭文化区”创意 [J]. 唐都学刊，2003（2）.
[7] 傅功振，王飞，孙丹．终南山赵公明财神传说及其文化意象 [J]. 咸阳师范学院学报，2012（5）.
[8] 高从宜，王小宁．终南幽境 秦岭人文地理与宗教 [M]. 西安：西北大学出版社，2010.
[9] 黄高才．陕西文化概观 [M]. 北京：北京大学出社，2012.
[10] 葛晓音．王维·神韵说·南宗画 [J]. 文学评论，1982(2).
[11] 蓝田县地方志编撰委员会．蓝田县志 [M]. 西安：陕西人民出版社，1994.
[12] 李继友，绘．本社，编．中国陕西社火脸谱 [M]. 上海：上海人民美术出版社，1989.
[13] 李域铮．陕西古代石刻艺术 [M]. 西安：三秦出版社，1995.
[14] 李若驰，许文辉．地楼观台 [M]. 西安：三秦出版社，2003.
[15] 刘树友．武关考 [J]. 渭南师范学院学报，2002.
[16] 刘树友．萧关考 [J]. 中国地理历史论丛，2005.
[17] 李刚，郑中伟．明清陕西庙会经济初探 [J]. 西北大学学报：哲学社会科学版，2001.
[18] 李岩．新罗留学僧在唐的文学交流 [J]. 当代韩国，2002.
[19] 刘东社．陕西简史 [M]. 西安：三秦出版社，2003.
[20] 刘芳．唐代文人与终南山 [D]. 暨南大学硕士论文，2007.
[21] 刘富胜．中日佛教交流概述 [J]. 长春师范学院学报，2003.
[22] 雒三柱．中国书法史 [M]. 北京：人民美术出版社，2009.
[23] 陕西日报．秦岭：生物多样性保护典范 [N]. 2016. 5. 18.
[24] 谭前学，尹夏清．人文陕西 [M]. 西安：陕西旅游出版社，2010.

[25] 荣新江．关于隋唐长安研究的几点思考 [C]. 唐研究，第九卷．北京：北京大学出版社，2003．
[26] 田旭东．从混沌初开到礼乐文明：漫话史前至西周时期的陕西 [M]. 西安：西北大学出版社，2009.
[27] 佟裕哲．陕西古代景园建筑 [M]. 西安： 陕西科学技术出版社，1998.
[28] 西安市政协文史资料委员会．西京佛教 [M]. 西安：陕西人民出版社，2000.
[29] 西安华严寺．中国宗教网．2016. 02. 23.
[30] 王若冰．走进大秦岭 [M]. 广州：花城出版社，2007.
[31] 王建林，从伊．天宝物华・秦岭自然地理概览 [M]. 西安：西北大学出版社，2010.
[32] 王俊麟．中国农业经济发展史 [M]. 北京：中国农业出版社，1996.
[33] 王宏涛．西安佛教祖庭 [M]. 西安：西安电子科技大学出版社，2016.
[34] 张忠尚，王建祥．大地湾遗址与中国古代文化 [J]. 甘肃社会科学，1993.
[35] 王琼．关中民间社火与宗教祭祀源探 [J]. 河南社会科学，2012.
[36] 邢广程．丝绸之路战略：中国与世界深度互动的新型链接范式 [J]. 世界政治与经济，2014.
[37] 杨育坤．陕西五千年 [M]. 西安：陕西师范大学出版社，1989.
[38] 杨作舟．三论宗祖庭今昔概况 [J]. 法音，1995.
[39] 杨作舟．律宗祖庭净业寺 [J]. 法音，1997.
[40] 岳琛．中国农业经济史 [M]. 北京：中国人民大学出版社，1989.
[41] 张本仁．秦岭造山带地球化学 [M]. 北京：科技出版社，2002.
[42] 张晓虹．文化区域的分异与整合：陕西历史地理文化研究 [M]. 上海：上海书店出版社，2004.
[43] 张燕．文化旅游资源开发 [M]. 西安：陕西人民出版社，2002.
[44] 张倩．杜诗与长安文化 [M]. 西安：陕西师范大学博士论文，2011.
[45] 张曦堃，卜风贤．关中水利发展历史浅析 [J]. 杨凌职业技术学院学报，2011.
[46] 赵荣编．人文陕西 [M]. 西安：陕西旅游出版社，2010.
[47] 赵立瀛．陕西古建筑 [M]. 西安：陕西人民出版社，1992.
[48] 赵付科，孙道壮．习近平文化自信观论析 [J]. 社会主义研究，2016.
[49] 赵凡，赵德利．关陇庙会礼仪论 [J]. 民俗研究，2015（4）.
[50] 郑作新．秦岭鸟类志 [M]. 北京：科学出版社，1973.
[51] 中央农业管理干部学院，华中农学院分院．中国农业科学技术史简编 [M]. 武汉：湖北科学技术出版社，1984.

[52] 周仲民．悟真寺 [M]. 西安：陕西旅游出版社，2005.
[53] 周维权．中国名山风景区 [M]. 北京：清华大学出版社，1996.
[54] 周振鹤．秦汉宗教地理略说 [Z]. 中华文由论从，第 49 辑，1992.
[55] 周云庵．陕西园林史 [M]. 西安：三秦出版社，1997.

后记

这本小书是笔者对关中历史文化研究的新作，小书不以学术专著定位，而是为大众提供一种雅俗共赏的知识普及性读物，因此它和笔者在近十余年所研究的专业性较强的学术专著在内容选取和写作风格方面有一定的差异。记得2004年“程门立雪”，受业于恩师陈俊民先生时常被他引用王阳明的一句话所打动：“抛却自家无尽藏，持钵沿街效贫儿”，陈先生当时给我们几位同门讲这句话是有感于关学研究后继无人及现有研究成果的单一与不足而发。后来，陈先生指导几位博士的论文选题时，根据个人已具有的知识结构和知识积累情况，分别选择了关学学人作为研究对象进行研究，我当时选择的人物就是被称为“关中三李”之一的李柏。待博士毕业三年后的2010年，博士论文以《李柏思想研究》为名出版。记得在该书“绪论”中分析关学研究不振原因时笔者曾谈到“地域文化问题意识不强”的观点，并暗自下决心在今后的学术研究中一定要以关中历史文化为中心。此后的学术生涯，我践行自己曾经所立的学术誓言，一直以关中历史文化研究为职，并获得了2011年和2016年的国家社科基金资助，对明清关中文学史与阳明心学与关学的融和汇通问题进行研究，取得了一些研究成果。在指导研究生的过程中也引导他们从事这方面的研究，2014级美学专业研究生王静选择了西安城市审美意象研究，2015级美学专业研究生关姣选择了《诗经》中关于终南山审美意象问题的研究。

关中地区在广义的中国文化史中居于十分尊崇的地位，从《诗经》《山海经》《史记》等古文献到梁启超、刘师培《论中国文化的地域性特征》等论著，对关中地区都有较高的评价，彰显了关中在中国政治、经济、军事、文化等方面曾经的辉煌。中唐经历“安史之乱”以后，随着中国政治中心的东移与南移，曾经以长安为中心的关中地区逐渐零落，不再具有文化中心的象征地位，取而代之的是开封、南京与北京。20世纪90年代基于国家发展的地域平衡性问题，提出了西部大开发战略，作为西部丝绸之路桥头堡的西安重新焕发了勃勃生机，也唤醒了人们内心沉睡已久的对周秦汉唐文化的追忆基因，由政府主导的各种文化机构行动起来，重新打造关中汉唐所具有的雄浑与大气，文学领域的“陕军东征”、考古领域的“周原挖掘”、旅游领域的秦陵与汉陵保护开发都是大手笔，使关中人找回了自信。尤其是

2013年习近平总书记在哈萨克斯坦的纳扎尔巴耶夫大学提出的“丝绸之路经济带”的概念更是助力了陕西在各个方面对发达省份的追赶，同时也更加激发了陕西人的文化自豪感，一批以秦岭、秦帝国、汉唐王朝为题材的文学作品、影视作品纷纷登台，扩大了人们对陕西历史文化的了解与宣传，产生了较好的社会效益和经济效益。

西安电子科技大学出版社是以出版电子类图书而闻名全国，在最近几年随着大众传媒的快速发展，该社也及时调整发展思路，扩大图书出版种类，在众多优秀编辑的努力下，出版了一批有一定社会影响力的人文社科类图书，获得读者好评。编辑高樱女士在图书选题策划、作者群体的选择、图书编辑与出版等方面显示出优秀的才能，她所负责编辑的关于关中历史文化图书综合了通俗性与学术性，实现了社会效益与经济效益的完美结合，受到社会的好评。这本小书就是在高樱女士的建议下所申报的陕西出版资金项目。笔者由于一直从事专业方面的研究，对于写雅俗共赏的读物不是行家里手，但我非常愿意做这种文化普及的工作，因为很专业的出版物属于阳春白雪，它的读者面有限，对社会文化的辐射力与影响力也有限，而雅俗共赏的大众读物，只要我们作者群抱有文化传承与传播的使命，就能写出有一定文化价值的读物，这也是我对这本小书出版的一个大期许。

我指导的2015级美学专业硕士研究生关姣由于进行《诗经》中关于终南山审美意象问题的研究，因此参与了这本小书的资料分类工作。2016级美学和宗教学专业的研究生邢潇月、杜敏、曹书嘉也进行了部分资料的校对，在此对这些同学表示感谢。

由于才学疏漏，俗事缠身，小书在写作过程中常有力不从心之感，错讹难免，望读者不吝赐教，“知我罪我，其惟春秋”！

常　新

2018年孟春于终南草堂